Geheime Welten

Vom Wirken der Engel im
täglichen Leben

P. MICHEL • A. WAGNER

Geheime Welten

Vom Wirken der Engel im täglichen Leben

tosa

Texte von P. Michel / A. Wagner
Umschlag von Kraxenberger KommunikationsHaus GmbH

Druck: Ueberreuter Print

Inhalt

Vorwort

Seit jenen Urzeiten, in denen erstmals Menschen den Fuß auf die Erde setzten, befaßten diese sich mit den großen Fragen des Lebens. Woher kommt der Mensch? Wohin geht der Mensch? Wie soll er sein Leben gestalten? Diese Fragen sind so alt wie die Menschheit, und sie werden Bestand haben, solange dieser schöne blaue Planet menschliches Leben trägt.

Um Antworten auf diese drei großen Fragen zu finden, haben Menschen immer wieder die größten Anstrengungen unternommen - und sind zu den unterschiedlichsten Ergebnissen gekommen. Meistens wurden die Ergebnisse laut in den Gassen und auf den Plätzen verkündet, auch wenn die Erkenntnisse eigentlich gar keinen Anlaß dazu geboten hätten. Manchmal wurden die Ergebnisse mit Macht durchgesetzt, auch wenn sie gar nicht auf Erkenntnissen beruhten. Dieses Vorgehen hat sich praktisch nie als segensreich erwiesen. Manchmal allerdings fanden einige wenige Menschen, die häufig sehr bescheiden und zurückgezogen lebten, wirklich zur Erkenntnis der Wahrheit. Da diese wenigen

Wissenden gute Beobachter waren, erkannten sie in vielen Fällen, daß ihre Mitmenschen wenig Verständnis für ihre neuen Erkenntnisse aufgebracht hätten. Aus diesem Grunde beschlossen sie, ihr Wissen für sich zu behalten oder es nur wenigen mitzuteilen. So war es vor Jahrtausenden, und so ist es bis ins 20. Jahrhundert geblieben.
Erst die jüngsten Erkenntnisse fast aller menschlichen Wissenszweige ließen erkennen, daß es mehr gibt, *als sich die Schulweisheit träumen ließ*. Diese Entwicklung führte dazu, daß ein großer Teil bisher gehüteten geistigen Wissens, eines *geheimnisvollen Wissens,* nunmehr der breiten Öffentlichkeit zugängig gemacht wurde. Dazu gehörte auch das Wissen um das verborgene Wirken der Engel. Obwohl in allen Überlieferungen und religiösen Traditionen der Menschheit immer wieder Anklänge an die Wirklichkeit der Engelwelt zu finden sind, wurden alle jene belächelt, die von der Existenz der Engel überzeugt waren oder gar selbst von einem Engel-Erlebnis berichteten. Dies hat sich in den letzten Jahren geändert, und die Engel sind erneut auf dem Weg, um einen Platz in den Herzen der Menschen zu finden.

KAPITEL 1

Die Engel in den Weltreligionen

Das Alte Testament

Der Garten Erden

Bereits in der Genesis (3,24) heißt es: „Gott vertrieb den Menschen und stellte östlich des Gartens von Eden die Cherubim auf und das lodernde Flammenschwert, damit sie den Weg zum Baum des Lebens bewachten." Dies stellt eine der ältesten Quellen dar, in denen vom Wirken der Engel Zeugnis abgelegt wird.

Der Engel erscheint Hagar

Hagar, die zweite Frau Abrahams, erlebte eine Begegnung mit einem Engel, nachdem sie seiner ersten Frau Sarah, deren Magd sie war, davongelaufen war. „Der Engel des Herrn fand Hagar an einer Quelle in der Wüste." (Gen. 16,7–11) Der Engel verkündete ihr lauter positive Nachrichten, woraufhin sie zu Abraham zurückkehrte und dem sechsundachtzigjährigen Stammvater Ismael gebar. Schon die alten Quellen zeigen also, daß die Engel ein Herz für all diejenigen haben, die gerade nicht auf der Sonnenseite des Lebens stehen.

Die Engel retten Lot und seine Familie

Bekanntlich waren die Sitten zur Zeit des Alten Testaments auch schon nicht die besten. So blieb dem Herrn nichts anderes übrig, als Sodom und Gomorrha zum Untergang zu verurteilen. Da Gott aber nicht nur streng, sondern vor allem auch gerecht ist, konnte er jene nicht untergehen lassen, die ihm treu geblieben waren. Also „kamen zwei Engel am Abend nach Sodom". (Gen. 19,1) Die Engel halfen Lot und seiner Familie, die Stadt rechtzeitig vor ihrer Zerstörung zu verlassen. Dabei zeigt sich schon im Alten Testament, welchen Streß Engel mit den Menschen haben können, denn „als die Morgenröte aufstieg drängten die Engel Lot zur Eile". (Gen. 19,15) Offensichtlich glaubte Lot noch, es ginge nur um einen Familienausflug. Die Tragweite der Geschehnisse war ihm nicht bewußt. So mußten die Engel sich sehr bemühen, um ihre Schützlinge in Sicherheit zu bringen. Welche Frustration muß es dann für sie gewesen sein, als Lots Frau sich ge-gen Gottes ausdrückliche Anweisung doch umschaute und zur Salzsäule erstarrte. Auch Engel können nichts gegen den freien Willen des Menschen ausrichten.

Jakobs Traum

Eine der bekanntesten Engel-Geschichten des Alten Testaments ist der Traum des Jakob. Jakob „sah eine Treppe, die auf der Erde stand und bis zum Himmel reichte. Auf ihr stiegen Engel Gottes auf und nieder". (Gen. 28,12) Dieses Erlebnis fand immer wieder Eingang in die Malerei und stellt eines der am häufigsten dokumentierten Erlebnisse mit Engeln überhaupt dar.

Die Engel in den Psalmen

Auch in den Psalmen, vor allem jene des David, findet sich immer wieder die Erwähnung vom Wirken der Engel. Am bekanntesten ist wohl der 11. Vers aus dem 91. Psalm geworden: „Denn er befiehlt seinen Engeln, dich zu behüten auf all deinen Wegen." Hier finden wir eine erste ganz eindeutige Erwähnung vom Wirken der Engel als Schutzengel des Menschen. Engel stellen ein Bindeglied zwischen den himmlischen Welten und der Erdenwelt dar, und sie wachen über die Erfüllung der göttlichen Gebote im Reich der Menschen.

Das Buch Henoch

Das Buch Henoch erlebte eine aufregende Geschichte im Laufe der Zeiten. Obwohl es als „apokryph“ gilt, das heißt nicht zum offiziell anerkannten Kodex der Heiligen Schrift gehört, wurde es immer wieder, vor allem in frühchristlichen Kreisen, als nahezu heilige Schrift zitiert. Im „Buch Henoch“ finden sich wahre Schätze des Wissens über das gewaltige Reich der Engel. In dieser alten Quelle wird schon auf vieles Bezug genommen, was die großen Mystiker erst in den späteren Jahrhunderten über die Welt der Engel enthüllen sollten.

Das Neue Testament

Jesus und die Engel

Das Neue Testament enthält eine Fülle an Begebenheiten, in denen Engel eine Rolle spielen. Jesus selbst erklärt im Matthäus-Evangelium: „Glaubst du nicht, mein Vater würde mir sogleich mehr als zwölf Legionen Engel schicken, wenn ich ihn darum bitte?“ (Matth. 26,53) Diese interessante Schriftstelle belegt zweierlei: Zum einen war Jesus vollständig vertraut mit dem Reich der Engel; aber zum anderen wußte er offensichtlich, daß er seine Aufgabe ohne die Hilfe der Engel vollbringen mußte. Es mag daher die Frage erlaubt sein, ob es nicht im Leben jedes Menschen Situationen gibt, wo er *es allein schaffen muß?*

Die Verkündigung an Zacharias

Bereits die Geburt von Johannes dem Täufer wurde von einem Engel verkündet. Im Lukas-Evangelium heißt es dazu: „Da erschien dem Zacharias ein Engel des Herrn." (Luk. 1,11) Der Engel war der Erzengel Gabriel, und er verkündete dem überraschten Zacharias, daß er und seine ebenfalls schon relativ alte Frau Elisabeth noch einen Sohn bekommen würden - Johannes den Täufer.
In diesen Fällen scheint Gott besonders gern seine Engel zu entsenden; aber vielleicht würden ihm die ungläubigen Menschen andernfalls auch keinen Glauben schenken.

Die Verkündigung Jesu

Das klassische Engel-Motiv in der Malerei geht auf eine Überlieferung im Lukas-Evangelium (1,26) zurück. Dort erscheint der Erzengel Gabriel Maria und verkündet ihr die Geburt Jesu. Wohl kaum ein anderes Geschehnis der biblischen Quellen hat die Künstler aus zwei Jahrtausenden stärker inspiriert als diese Begebenheit; und nicht zuletzt diesem Sachverhalt ist es zu verdanken, daß die Engel nicht ganz aus dem Gedächtnis der Menschen verschwanden.

Die Engel erscheinen den Hirten

In der Weihnachtsnacht lagerten in der Gegend von Bethlehem Hirten auf dem Feld, „da trat der Engel des Herrn zu ihnen, und der Glanz des Herrn umstrahlte sie. Sie fürchteten sich sehr, der Engel aber sagte zu ihnen: Fürchtet euch nicht, denn ich verkündige euch eine große Freude, die dem ganzen Volk zuteil werden soll." (Luk. 2,9 f.)
Diese biblische Überlieferung deckt sich ganz mit allen späteren Erfahrungsberichten über Engel-Begegnungen, in denen immer wieder über die außerordentliche Lichtausstrahlung der himmlischen Besucher berichtet wird.
Für diejenigen, die mit dem Einbruch einer höheren Wirklichkeit konfrontiert sind, bedeutet es im ersten Augenblick immer einen Schock. Von daher wird es verständlich, wenn die Engel anfänglich vollauf damit beschäftigt sind, den Menschen die Furcht vor dem Erlebten zu nehmen und sie zu beruhigen.
Bemerkenswert in diesem Zusammenhang scheint auch zu sein, daß im Fall der Geburt Jesu in Bethlehem wie auch in zahllosen anderen

Beispielen, die Menschen, denen die Begegnung mit einem Engel zuteil wird, vielfach sehr einfach und bescheiden sind. Offensichtlich bedarf es eines reinen Herzens, um die Herrlichkeit der Engelwelt zu schauen.

Engel warnen Josef im Traum

Als die Weisen aus dem Morgenland, die den neuen Messias kennenlernen und ihm huldigen wollten, wieder Bethlehem verlassen hatten, „erschien dem Josef ein Engel des Herrn im Traum" (Matth. 2,13) und warnte ihn vor den Mordplänen von König Herodes. Bekanntermaßen flohen Josef und Maria mit dem Säugling dann nach Ägypten.
Hier wirken die Engel wieder in der Schutzengelfunktion, indem sie ihre Schützlinge vor einer drohenden Gefahr warnen. Eine Vorgehensweise, die dann ebenfalls bei vielen späteren Erlebnisberichten bestätigt wird.

Die Engel des Todes

Eine besondere Gruppe von Engeln scheint mit dem Übergang des Menschen von dieser Welt in eine andere befaßt zu sein, die sogenannten „Engel des Todes". Auch über sie liegt ein Bericht in den neutestamentlichen Quellen vor. Als der

arme Lazarus starb, wurde er „von den Engeln in Abrahams Schoß getragen". (Luk. 16,22) Diese Überlieferung aus dem Lukas-Evangelium schildert dabei nicht nur das wunderbare Wirken der Engel des Todes, sondern auch deren Aufgabe, die Verstorbenen bestimmten Sphären in den inneren Welten zuzuteilen, die ihrem inneren Wesen entsprachen.
Engel müssen somit über eine große Weisheit und Macht verfügen, um im Auftrag des göttlichen Planes wirksam werden zu können. Güte und Strenge scheinen Eigenschaften zu sein, die ihnen zu gleichen Teilen zu eigen sind.

Der Heilengel im Teich Betesda

Die theologische Forschung streitet noch darüber, ob im 4. Kapitel des Johannes-Evangeliums der Satz stehen sollte:
„Ein Engel des Herren aber stieg zu bestimmter Zeit in den Teich hinab und brachte das Wasser zum Aufwallen. Wer dann als erster hineinstieg, wurde gesund, an welcher Krankheit er auch litt."
In den vergangenen zwei Jahrtausenden hat es eine solche Fülle an zweifelsfrei dokumentierten Heilungsberichten gegeben, in denen von einem derartigen heilsamen Wirken der Engel Zeugnis abgelegt wurde, daß es kaum noch einen Zweifel

an der Echtheit dieser neutestamentlichen Überlieferung geben sollte.

Kabbala und Chassidismus

Der Sohar

Die weisen alten Kabbalisten, die Hüter der jüdischen Geheimlehre, wußten seit alten Zeiten um die Existenz der Engel. Sie kannten die Engel-Berichte der mosaischen Überlieferung und hegten keinen Zweifel an ihrer Echtheit. Immer wieder waren die Engel in der Tradition des jüdischen Volkes in Erscheinung getreten, um göttliche Botschaften zu verkünden.

In einer der geheimnisvollsten Quellenwerke der jüdischen Überlieferung, dem Sohar, heißt es zum Beispiel über Metatron, den berühmtesten aller Engel: „Die sichtbaren Chajjot oder Wesen (in der Thronwelt) sind die, unter denen jener (von Jecheskel) Ofan ‚Rad' genannte Engel steht. Und welcher ist das? Das ist Metatron, der größer und angesehener ist als alle anderen Engelscharen und fünfhundert Meilen hoch."

Der Einfluß dieser und anderer Quellentexte auf das Judentum darf keinesfalls als gering eingeschätzt werden. Er prägte die religiöse Überlieferung und fand Eingang in das Überlieferungsgut des frommen Juden.

Rabbi Joseph

In zahllosen jüdischen Erzählungen, Geschichten und Legenden fand die Engel-Thematik ihren Widerhall. Einfache Menschen aus dem Volk wie auch gelehrte Rabbis sprachen über sie oder vernahmen in der Synagoge von ihrem wundervollen Wirken.
So wird der alte Satz, wonach in allem Geschaffenen Geist wirke, weshalb aus einem Stein eine Pflanze, aus einer Pflanze ein Tier, aus einem Tier ein Mensch und aus einem Mensch ein Engel werden könne, auf den ehrwürdigen Rabbi Joseph zurückgeführt.
Diese Aussage tauchte in verschiedenen Formen, mit geringen Abwandlungen, in allen abendländischen Überlieferungen wieder auf und prägte entscheidend auch das Denken der mittelalterlichen Kabbalisten.
Der Mensch sollte sich also keine Sorgen machen. Der Weg führt nicht zurück zum Affen, obwohl man dies angesichts der Zustände auf dieser Welt manchmal befürchten möchte, sondern hinauf zum Engel!
Die Perspektiven sind also durchaus als positiv zu bewerten!

Abraham der Engel

Die „Chassidischen Erzählungen“ die Martin Buber liebevoll gesammelt und herausgegeben hat, enthalten in vielen kleinen Anekdoten und Geschichten das Wissen des osteuropäischen Judentums über die Engel.
Vom Rabbi „Abraham der Engel“ berichtete die Überlieferung, er habe sich so sehr mit Gott geeint, daß zwischen Leib und Seele kein Unterschied mehr gewesen sei, und als er einst einen Sohn gezeugt habe, sei ein lichter Geist aus der Engelwelt in den Leib seiner Frau eingegangen, um für kurze Zeit auf Erden zu leben.

Rabbi Pinchas

Rabbi Pinchas war ebenfalls eine legendäre Gestalt der Chassidim. Er deutete die schriftlichen Überlieferungen über Abraham und die Engel dahingehend, daß er glaubte, die jüdischen Patriarchen seien selbst aus verschiedenen Engelwelten hinabgestiegen, um der Menschheit ein Licht in der Dunkelheit zu sein.

Rabbi Hirsch

Es gab unter den Chassidim viele Legenden darüber, wie Rabbi Hirsch die Nachfolge seines ver-

ehrten Lehrmeisters Rabbi Mendel angetreten hatte. Die bekannteste lautete dahingehend, daß Rabbi Mendel einst im Traum gesehen hatte, wie der Erzengel Metatron, der ehrwürdigste unter den Engeln der jüdischen Überlieferung, seinen Diener Hirsch auf seinen Stuhl gesetzt hätte. Dieses Traumgeschehen gab ihm zu denken, und er beobachtete seinen Diener daraufhin genauer. So bemerkte er, daß auch dieser die Seelen der Verstorbenen sehen konnte, die zum Rabbi kamen, um durch ihn Erlösung zu finden.
Von diesem Zeitpunkt an behandelte er seinen Diener wie einen Gleichgestellten und ließ sich von ihm nicht mehr bedienen. Nur die Gebetsriemen ließ er sich als letzten Liebesdienst anlegen.
So verwunderte es später auch niemanden mehr, als der Diener Hirsch durch wundersame Fügung nach dem Tod von Rabbi Mendel selbst Rabbi wurde und seinen Schutzbefohlenen über viele Jahre ein treuer Hirte wurde. Man war wohl davon überzeugt, auch dabei hätten die Engel „einen Flügel im Spiel gehabt"!

Engel und Menschen

Eine der nettesten chassidischen Geschichten schildert die vergnüglich menschliche und ein wenig respektlose Art und Weise, mit der manchmal im Ostjudentum über die Engel gedacht wurde. So rief der Kobryner Rabbi einst, indem er zum Himmel aufblickte: „Englein, Englein, das ist keine besondre Kunst, so in den Himmeln als Engel zu bestehen, du brauchst nicht zu essen und zu trinken und Kinder zu zeugen und Geld zu erwerben. Spring du nur mal auf die Erde nieder und gibt dich mit Essen und Trinken und Kinderzeugen und Gelderwerb ab, da wollen wir sehen, ob du ein Engel bleibst. Gelingt es dir, dann magst du dich berühmen, jetzt aber nicht!" So gingen sie mit ihren Engeln um, die weisen alten Juden aus dem Osten Europas – rauh aber herzlich. Dabei waren sie in ihrer schroffen Ehrlichkeit frömmer als alle Heiligtuer, die zwar frömmlerisch redeten, aber nicht danach handelten. So dürften die Engel mit Wohlgefallen auf ihre jüdischen Schützlinge geschaut haben, auch wenn diese ihnen gelegentlich ein wenig vorwitzig kamen.

Hinduismus und Buddhismus

Die Devas

Die östlichen Überlieferungen kennen alle die leuchtenden Wesen einer anderen Welt, die sie mit dem Wort „Deva", was soviel wie Lichtwesen oder leuchtendes Wesen heißt, bezeichnen. Diese Devas bevölkern feinstoffliche Welten, können aber auch mit den Erdenmenschen in Kontakt treten.
Nach der buddhistischen Auffassung sind sie allerdings nicht unsterblich und müssen einmal auch wieder in den Kreislauf der Wiedergeburten hinabsteigen.

Der Dalai Lama

Vor einigen Jahren empfing der Dalai Lama eine Delegation jüdischer Rabbis und Laien, und überraschenderweise entwickelte sich die Diskussion über die Existenz der Engel zu einem zentralen Thema des Treffens.
Offensichtlich war der Dalai Lama überrascht, bei seinen jüdischen Gästen eine so ausgeprägte Überzeugung über die Wirklichkeit von Engeln zu finden.
Hier zeigt sich, wie auch in vielen anderen Fällen, daß offensichtlich ein guter Engel darüber wacht,

wenn Menschen unterschiedlicher Glaubensüberzeugungen zusammensitzen und friedlich versuchen, voneinander zu lernen. Wenn sie dann auch noch über Engel sprechen, dürfte diese das mit besonderer Freude erfüllen!

Die Gandharvas

Im Hinduismus gibt es eine besonders schöne Tradition – die Engel der Musik. Sie tragen einen speziellen Sanskritnamen und werden „Gandharvas" genannt. Nach indischer Überlieferung entstammt alle musikalische Schönheit, zu allen Zeiten und in allen Traditionen, ihrem inspirierenden Wirken. Wo immer die Gandharvas ein offenes Herz oder Ohr finden, erfüllen sie es mit den Eindrücken himmlischer Klänge, die aus ihren Reichen stammen.
Nicht immer gelingt es den Gandharvas, ihre Botschaft in vollkommener Reinheit zu übermitteln, aber auch eine halbe Inspiration ist besser als gar keine. Allerdings muß die Frage erlaubt sein, ob bestimmte Varianten von Techno, Acid Rock oder ähnlichen grellen Formen musikalischer Verirrungen möglicherweise auf einen „Engel-Fehler" zurückzuführen sind oder ob hierfür die Erdenmenschen ganz allein die Verantwortung übernehmen müssen.

Der Islam

Mohammed und Gabriel

Nach einhelliger Überzeugung war der Erzengel Gabriel die Quelle der Inspiration für den Propheten Mohammed. In der islamischen Tradition kommt diesem Erzengel eine Bedeutung zu, die im Christentum in etwa dem Heiligen Geist entspricht.
Alle Dinge werden ins Leben gebracht durch den Laut der Schwingen Gabriels, die sich über alles Leben in allen Welten hinweg erstrecken.

Schutzengel

Der Islam betrachtet den Erzengel Gabriel gewissermaßen als Schutzengel der gesamten Menschheit, dem zusätzlich noch alle jene Engel unterstehen, die als Schutzengel den einzelnen Menschen zugeteilt sind. Dabei anerkennen die Jünger des Propheten durchaus die jüdischen und christlichen Engel-Berichte aus den biblischen Quellen.
Zudem kennt auch die islamische Glaubenstradition die ganze Bandbreite des Engelwirkens, von den Schutzengeln über die Engel von Tod und Auferstehung bis hin zu sogenannten Frageengeln und Schreiberengeln, die eine ganz

bestimmte Funktion in ihren Reichen auszufüllen haben.

Die Götter der Antike

Minerva

Die alten Römer anerkannten in ihren religiösen Gebräuchen Götter oder göttliche Wesen. Die scheinbar so aufgeklärte Moderne belächelt diesen „Aberglauben" der Antike, ohne sich einmal ernsthaft die Frage zu stellen, ob ein Weltreich wie Rom aufzubauen gewesen wäre, wenn es stets nur von abergläubischen Narren geführt worden wäre.
Viel eher ist anzunehmen, daß auch die weisen Männer und Frauen Roms wußten, daß unsichtbare Wesen über ihrem Schicksal wachten und eine Wesenheit wie Minerva vielleicht keine „Göttin" war, sondern so etwas wie der Schutzengel Roms. Vielleicht lassen sich manche Mythen der Vergangenheit im Licht des Wissens um die Engel heute anders deuten als vor hundert Jahren.

Athene

Auch die alten Griechen hatten bekanntlich ihren Götterhimmel, wenngleich niemand übersehen sollte, daß die weisen alten Hellenen, an ihrer Spitze Sokrates und Platon, wenn sie wirklich vom Ursprung aller Dinge sprachen, nicht von Göttern redeten, sondern „der Gott“ sagten. Auch die alten Griechen, die Gründerväter der Philosophie, müssen um die Dinge zwischen Himmel und Erde gewußt haben, und so dürfte die Idee, Pallas Athene sei so etwas wie der Schutzengel des Stadtstaates Athen gewesen, der Wahrheit vielleicht näherkommen als manche abstrakte und materialistisch überhebliche Mythendeutung, die die Vorväter des heutigen Europa zu polytheistischen Dummköpfen abzustempeln versucht.
Auch Griechenland hatte seine Engel, gab ihnen allerdings andere Namen!

Fazit

Alle großen Weltreligionen kennen die Engel. In unterschiedlichen Beschreibungen läßt sich immer wieder der gleiche Kern herausfiltern. Die Engel spielen eine Zwischenrolle zwischen der Menschenwelt und den göttlichen Reichen. Sie wachen über das Leben auf Erden, sie treten als

Botschafter Gottes in bestimmten schicksalhaften Momenten der Weltgeschichte auf, und sie spielen eine Rolle im Leben eines jeden Menschen. Namen und Bezeichnungen mögen in den großen Weltreligionen unterschiedlich klingen; der Sinn und die Bedeutung sind die gleichen.
Die Engel standen am Anfang der großen religiösen Überlieferungen. Aus welchem Grund sollten sie sich danach von den Menschen zurückgezogen haben?

KAPITEL 2

Die großen Mystiker

Die Kirchenväter

Christus und die Engel

In den frühen Tagen des Christentums gab es nicht wenige Gläubige, die annahmen, auch bei Christus habe es sich um einen Engel gehandelt. Die späteren theologisch-dogmatischen Modelle waren noch nicht entstanden, und so gab es einen relativ großen Glaubensspielraum, in dem die Engel durchaus eine entscheidende Rolle spielten.

Neben den ersten Christen gab es zudem auch die zahlenmäßig zwar kleine, aber dennoch ziemlich einflußreiche Gruppe der Gnostiker, die verschiedene religiöse Traditionen zu verbinden trachteten.

Auch in den Kreisen der Gnostiker gab es nicht wenige, die von der Existenz der Engel überzeugt waren und an ihr Eingreifen ins menschliche Dasein glaubten.

Es war eine Zeit, in der es zwischen Himmel und Erde noch keine dogmatische Ordnung gab und man die Freiheit besaß, seinen Glauben aus einer Fülle unterschiedlichster Überzeugungen zu formen. Nicht alle dürften unzufrieden damit gewesen sein.

Clemens von Alexandrien

Der bedeutendste Kirchenvater des zweiten Jahrhunderts war Clemens von Alexandrien. Er begründete die große Kirchenschule in Alexandrien und zählte zu den einflußreichsten und gebildetsten Männern seiner Zeit.
In seinem Hauptwerke, das den seltsamen Namen „Teppiche" trägt, kommt er in fast jedem Band der mehrbändigen Ausgabe auf die Engel zu sprechen. Sie spielen in der täglichen Glaubenspraxis eine wichtige Rolle und nehmen eine Zwischenposition zwischen Menschenwelt und Gottesreich ein. Es scheint, als seien die Darlegungen des Clemens nicht nur auf abstrakttheologischen Überlegungen gewachsen, sondern als sei er selbst, als gewissermaßen gnostischer Christ, in der Lage gewesen, aus eigenem inneren Erleben heraus zu sprechen.

Origenes

Origenes lebte ebenfalls in Alexandria und folgte Clemens in der Leitung der Schule nach. Er geriet mehrfach in die Christenverfolgung und starb Mitte des 3. Jahrhunderts wahrscheinlich den Märtyrertod.
Origenes gilt als der größte Geist des christlichen Altertums. Er war ein außerordentlich gelehrter

Mann, der Kontakte zu fast allen einflußreichen Persönlichkeiten seiner Zeit pflegte. Vor allem in seinem Hauptwerk „Über die Grundlagen" spielen Engel eine große Rolle. Sie werden von Origenes als feinstoffliche Wesen betrachtet, die eine Fülle von Aufgaben durchzuführen haben. Nach seiner Überzeugung können alle Wesen, je nach ihrer Lebensführung, vom geistigen Bereich in den materiellen absteigen oder umgekehrt vom materiellen in den geistigen aufsteigen. In jedem Menschen schläft also auch ein Engel.
Origenes dürfte der meistgelesenste Autor unter den Kirchenvätern gewesen sein, und sein Einfluß darf nicht hoch genug veranschlagt werden. Noch im 20. Jahrhundert erlebte er wieder einmal eine Renaissance und gelangte zu erneuter Beachtung.
Wenn das Bewußtsein um die Engel in der Frühzeit des Christentums nicht verschwand, so dürfte es vor allem ein Verdienst der beiden großen alexandrinischen Kirchenväter gewesen sein.

Pseudo Dionysios Areopagita

Die geheimnisvollste Gestalt der ersten christlichen Jahrhunderte! Lange Zeit glaubte man, es handele sich bei ihm um den Dionysios des Areopag, also einen Zeitzeugen der unmittelbaren Zeit nach Christus, was ihm natürlich eine

außerordentliche Autorität in kirchlichen Kreisen gab. Erst viele Jahrhunderte später fand man durch sorgfältiges Quellenstudium heraus, daß er im 5. oder 6. Jahrhundert gelebt haben mußte. So kam er zu seinem „Pseudo“ im Namenszug!
Dieser Dionysios war es nun, der das Werk „Von den Himmlischen Hierarchien“ verfaßte, das einflußreichste und wesentlichste Buch über Engel im ganzen christlichen Schrifttum. Alles, was über anderthalb Jahrtausende im Christentum über Engel gelehrt wurde, steht mehr oder weniger auf seinen Schultern.
Wenn im Mittelalter eine fromme Bauersfrau ihren Schutzengel anflehte, so verdankte sie dieses Glaubenswissen mit hoher Wahrscheinlichkeit der Überlieferung des Werkes von Pseudo Dionysios Areopagita. Was beweist, daß auch ein „Pseudo“ eine höchst segensreiche Wirkung entfalten kann!

Das Mittelalter

Thomas von Aquin

Für die Engellehre der Kirche gilt Thomas von Aquin, der schon sehr früh zum „Kirchenlehrer“ erhoben wurde, als die größte Autorität. Seine Gedanken über die Engel fügten dem bisherigen Wissen der alten Kirchenväter keine neuen

Einsichten hinzu, aber allein die Tatsache, daß der berühmte Theologe sich für die Existenz der Engel aussprach, verlieh dem Glauben an diese Wesen ungeheuer viel Unterstützung.
Neben Thomas von Aquin wäre vielleicht noch Hildegard von Bingen zu nennen, die als einflußreichste Mystikerin in die Kirchengeschichte des Mittelalters einging und ebenfalls an die Engel glaubte.
So kann das Mittelalter nicht so finster gewesen sein, wenn dieses Wissen in den Herzen der Menschen überleben konnte. Die Engel flogen auch über die ersten gotischen Dome und wachten über den Aufbruch einer neuen Epoche.

Martin Luther

Es wird oft vergessen, daß der große Reformator nicht nur ein Mann der „Schrift" war, der an die Buchstaben glaubte, sondern auch ein Mann des Geistes. Luther war ein tiefreligiöser Mensch, der fest überzeugt war, daß die Engelberichte der Bibel nicht auf frommer Phantasie beruhten, sondern einer geistigen Wirklichkeit entsprachen.
Leider ging dieser Aspekt seines Denkens und Wirkens im Verlauf der Jahrhunderte weitgehend verloren, so daß heute manche Christen überrascht sind, wenn sie erfahren, daß ein Mann wie

Martin Luther an das Eingreifen der Engel geglaubt hat.

Jakob Böhme und Emanuel Swedenborg

Im Übergang vom Mittelalter zur Neuzeit sind die beiden großen Mystiker zwei herausragende Zeugen für den Glauben an die Engel. Beide bezeugten zudem, nicht nur aufgrund der Bibelüberlieferung an die lichten Wesen einer anderen Wirklichkeit zu glauben, sondern das Reich der Engel aus eigenen Schauungen zu kennen.
Böhme und Swedenborg waren somit gewissermaßen Vorläufer für die mystische Bewegung des 20. Jahrhunderts, die dann Auslöser war für eine wahrhafte Renaissance der Engel im Bewußtsein der breiten Öffentlichkeit.

Die Engel in der Dichtung

Dante

Dantes „Göttliche Komödie" zählt zweifellos nicht nur zu den größten Werken der Weltliteratur, sondern auch zu den einflußreichsten Veröffentlichungen im Hinblick auf die Engel. Für Dante waren Engel eine unbezweifelbare Wirklichkeit, denen er in seinen unsterblichen Versen ein bleibendes Denkmal setzte.

Zusätzliche Bedeutung für die Überlieferung des Wissens um die Engel gewann das Werk durch die Inspiration zahlreicher Künstler, die ihre Engel-Gemälde unter Anlehnung an Dantes Dichtung erstellten. Dieser Einfluß erstreckte sich dabei keineswegs nur auf die Zeitgenossen, sondern blieb bis hinein in die Gegenwart prägend.

Blake und Milton

Im englischsprachigen Raum waren es vor allem Blake und Milton, die mit ihren Werken einer breiten Öffentlichkeit dokumentierten, daß die Engel nicht in Vergessenheit geraten waren. Beide waren zu ihrer Zeit außerordentlich einflußreich und prägten das Denken ihrer Epoche und somit auch das Bewußtsein vom Wirken der Engel.

Rilke

In der deutschen Literatur war es vor allem Rilke, der in seiner einmaligen Sprachkunst den Engeln ein literarisches Denkmal setzte. Unvergessen bleiben seine „Duineser Elegien", in denen er den Engeln ein unsterbliches poetisches Andenken bewahrte.

• *Die erste Elegie*

Wer, wenn ich schrie, hörte mich denn aus der Engel Ordnungen? und gesetzt selbst, es nähme einer mich plötzlich ans Herz: ich verginge von seinem stärkeren Dasein. Denn das Schöne ist nichts als des Schrecklichen Anfang, den wir noch gerade ertragen, und wir bewundern es so, weil es gelassen verschmäht, uns zu zerstören. Ein jeder Engel ist schrecklich.

Die modernen Mystiker

Rudolf Steiner

Rudolf Steiner, der Begründer der Anthroposophie, kam ursprünglich aus der Goethe-Forschung, bevor er sich ganz seinen geistigen Forschungen widmete, die aufbauten auf seinen mystischen Schauungen.
In Steiners Gedankengebäude und im Leben, wie es sich nach anthroposophischer Anschauung vom Menschen darstellt, spielen die Engel eine erhebliche Rolle. Sie bestimmen als große „Zeitgeister" mit ihren inspirierenden Kräften nicht nur die gesamte Entwicklung der Menschheit, sie sind auch im Leben jedes einzelnen anwesend und von großer Bedeutung. Steiner hat immer wieder in seinen Schriften und Meditationsanweisungen darauf hingewiesen, wie wertvoll es für die Menschheit wäre, mit größerer

Bewußtheit die Verbindung zu den himmlischen Hierarchien zu suchen.

Geoffrey Hodson und Dora van Gelder-Kunz

Im englischen Sprachraum zählen die beiden bekannten Theosophen zu den einflußreichsten Autoren zum Thema Engel. Beide schrieben ihre Werke, wie schon Steiner, aus einer inneren Wahrnehmung heraus. So finden sich auch in der Gegenwart Zeugen für eine ungebrochene mystische Tradition. Warum sollten die Engel auch nur von den frühen Kirchenvätern oder den Mystikern des Mittelalters erschaut worden sein, und nicht von den großen spirituellen Suchern der Neuzeit.

Findhorn

Die kleine schottische Landgemeinde Findhorn erlebte bereits in den sechziger Jahren das Aufblühen einer kleinen alternativen Gemeinschaft, die von sich behauptete, mit Hilfe der Engel ihren großen Garten zu bestellen.
Die Bewohner von Findhorn gaben an, unter der Inspiration jener lichten Wesen ihre landwirtschaftlichen Arbeiten auf eine völlig neue Basis gestellt zu haben.
Die Ergebnisse waren so verblüffend, daß selbst

eine Delegation des Britischen Landwirtschaftsministeriums nach Schottland reiste, um die kleine Landgemeinschaft zu besuchen. Man mag sich die Gesichter der hohen Herren vorstellen, als ihnen die begeisterten Findhornianer ihre „Engel-Erlebnisse“ schilderten und diese verantwortlich für die riesigen Kohlköpfe und schmackhaften Tomaten machten, die auf einem völlig unwirtlichen Sandboden an der schottischen Küste emporsprießten. Vielleicht mag der eine oder andere, im Angesicht dessen was er ja zweifelsfrei mit eigenen Augen sah, doch ein wenig nachdenklich geworden sein, ob in seinem längst vergessenen Kindergebet an seinen Schutzengel nicht doch ein wenig Wahrheit gelegen hatte. Wer weiß?

Flower A. Newhouse

Die amerikanische Mystikerin Flower A. Newhouse war für das 20. Jahrhundert das, was der schon genannte Pseudo Dionysios Areopagita für das 6. Jahrhundert war - eine Quelle für wahrhaft neue Einsichten in die Welt der Engel. In ihrem Werk verfaßte sie, neben Büchern über christliche Mystik und bewußte Lebensführung, zahlreiche Schriften über die Welt der Engel, die dem erstaunten Leser eine Fülle an bisher Unbekanntem über dieses Reich enthüllen.

Flower A. Newhouse, die, wie auch Rudolf Steiner, von eigenen Wahrnehmungen ausging, schilderte das Wirken der Engel in allen Bereichen des irdischen Lebens. Kein Bereich der Schöpfung war nach ihrer Überzeugung zu unbedeutend, als daß sich nicht Engel um ihn kümmern würden. So sah sie Engel für Pflanzen sorgen und sich um Tiere kümmern, auf Menschen aufpassend und den großen göttlichen Plan des Lebens überwachend.

„Engel sind überall“, so lautete ihre Botschaft. „Der Mensch muß nur wieder lernen, sie auch wahrzunehmen!“

KAPITEL 3

Was sind Engel?

Haben Engel Flügel?

Zum Fliegen braucht man Flügel

Wer kennt nicht die Kinderfrage: „Mami, warum haben Engel Flügel?" Wenn die Antwort „normal" ausfällt lautet sie meistens: „Damit sie schnell überall hinfliegen und dich beschützen können, mein Liebling!"
Es wäre schon eine fortgeschrittene Antwort, wenn dem Kind seitens der Eltern gesagt würde: „Ich weiß es nicht!" Dann bliebe dem Kleinen wenigstens die Möglichkeit, selbst darüber nachzudenken.
Haben Engel also Flügel? Warum sollten sie? – könnte die Gegenfrage lauten. Engel sind, so die einhellige Auffassung aller, die sich über die Jahrtausende mit ihnen befaßt haben, feinstoffliche Wesen, die keine materielle Form besitzen und nicht dem menschlichen Raum-Zeit-Gefüge unterliegen. Ein Engel muß sich also nicht „auf Reisen begeben", um einen anderen Ort aufsuchen zu können.
Warum bekamen die Engel also Flügel? Könnte es vielleicht sein, daß Menschen, die einen Blick „hinter den Vorhang" werfen durften, dort lichte Wesen erschauten, die sich in Gedankenschnelle bewegten? Nach ihrer Einsicht war das nur möglich, wenn sie sich „in der Luft" fortzubewegen

vermochten. Dazu benötigten sie, das wußte man schließlich aus der Vogelwelt, Flügel. Also bekamen die Engel, als man sie zu zeichnen versuchte, Flügel angemalt.
Eine andere mögliche Antwort wird gelegentlich von den Mystikern gegeben. Sie beschreiben die Engel als umgeben von einem vibrierenden Lichtfeld oder Energiekörper. Diesen mögen in früheren Zeiten fromme Menschen im Gebet oder in der Meditation undeutlich wahrgenommmen haben und daraus dann ebenfalls, in ihrer Vorstellung, Flügel geformt haben.
So kamen die Engel möglicherweise zu ihrem Federkleid!
Glaubt man den Schauungen der Mystiker der Neuzeit, so vermögen sich Engel mit Gedankenkraft, poetisch gesagt mit den „Schwingen des Geistes" fortzubewegen.

Können Engel sprechen?

Die Stimme im Kopf

Engel müssen, um sich bemerkbar zu machen, ganz offensichtlich nicht vorbeigeflattert kommen. Sie verfügen über die Möglichkeit, sich im Bewußtsein ihrer Schützlinge bemerkbar zu machen.
Die Amerikanerin Shirley Anderson, eine fünf-

undvierzigjährige Frau aus Tennessee, berichtet über ein Erlebnis in den Ferien, von dem sie glaubt, durch einen Engel gewarnt worden zu sein. Sie war mit einer Freundin mit dem Wohnwagen in New Mexico unterwegs. Es war abends, und ihre Freundin war im Wagen eingeschlafen, als sie das Bedürfnis verspürte, einen Rastplatz mit einer Toilette aufzusuchen.
Nach einiger Zeit fand sich eine entsprechende Örtlichkeit an einem Autobahnrastplatz. Sie hielt an, stieg aus, verschloß den Wagen wieder und ging auf die Toilette zu. In diesem Moment fühlte sie sich wie von einer unsichtbaren Stimme angesprochen. Sie schildert das Geschehen mit ihren eigenen Worten: „Eine Stimme schien in meinem Kopf zu sagen: ‚Geh weg von hier. Dein Leben ist in Gefahr.‘ Ich gehorchte dieser starken, zwingenden Stimme und eilte, den Autoschlüssel bereits in der Hand, zum Wagen zurück. Kaum war ich eingestiegen und hatte die Tür wieder verschlossen, als ein Mann von außen wild auf die Scheibe einhämmerte und versuchte, den Wagen zu öffnen. Mein Engel drängte mich immer noch, den Ort zu verlassen. Ich ließ hastig den Motor an und raste davon. Meine Freundin erwachte von dem ruckartigen Start und fragte mich, was denn los sei. Ich erzählte ihr von der Stimme, die mich gewarnt und somit unser Leben gerettet hatte.“

Dieser eindrückliche Bericht, wenn es sich wirklich um den Eingriff eines Engels gehandelt hat, zeigt eindeutig, daß es hilfreichen Wesen einer anderen Wirklichkeit möglich ist, Menschen über eine Form innerer Stimme zu erreichen.
Wenn also Engel sprechen können, so sprechen sie die Sprache der Gedanken!

Manchmal müssen Engel befehlen

Als Clifford Blackman fünf Jahre alt war, befand er sich allein auf dem Heimweg. Er mußte an einem kalten Wintertag eine recht befahrene Straße überqueren. Die Straße war vom Schnee bedekkt und ziemlich glatt abgefahren. Am Straßenrand hatte ein Öllieferwagen neben einem anderen geparkt. Der kleine Clifford war ein wenig faul und versuchte, sich zwischen den beiden großen Fahrzeugen hindurchzuquetschen, anstatt um sie herumzugehen. Jahre später schilderte er, was sich dann ereignete.
„Als ich hindurchging, bekam ich eine Nase voll von den Auspuffgasen des Lasters. Ich rutschte aus und fiel ohnmächtig unter dessen Hinterräder. Der Fahrer konnte mich nicht sehen.
Dann vernahm ich plötzlich eine Stimme, die mich mahnte: ‚Schiebe dich vorwärts!!!' Es klang nicht wie eine Bitte, sondern wie ein unwidersetzbarer Befehl. Ich schob mich voran und öff-

nete die Augen. In diesem Augenblick rollten die schweren Räder genau über die Stelle, an der mein Kopf gelegen hatte."
Als Clifford glücklich zu Hause angekommen war und seiner Mutter von dem Erlebten berichtete, waren beide fest davon überzeugt, sein Schutzengel habe ihm das Leben gerettet.

Der Chor der Engel

Auch Joan Kelley war noch ein kleines Mädchen, als ihr eine Erfahrung zuteil wurde, die sie mit den Engeln in Verbindung brachte. Vielleicht sind Kinder besonders empfänglich für die Wirklichkeit einer höheren Welt? Der oft gebrauchte Ausspruch, wonach Kinder noch „mit ihren Himmelsaugen sähen", beruht vielleicht auf einer tiefen Wahrheit. Joan schrieb ihre Geschichte mit den folgenden Worten auf: „Als kleines Mädchen nahm ich eines Nachts einen Engelchor wahr, der ein wunderschönes Lied, mit den sich wiederholenden Worten „Heilig, heilig, heilig", sang. Ein herrlich goldenes Licht erfüllte mein Zimmer. Ich bemühte mich, die Melodie zu behalten, doch da ich sie in keiner unserer Kirchenhymnen fand, habe ich sie vergessen. Aber das wunderbare Licht wird in meinem Gedächtnis haften bleiben. Dieses Erlebnis war kein Traum. Für mich war es Wirklichkeit."

In diesem Erlebnis beeindruckt besonders die intensive Lichterfahrung. Vermögen Engel diesen herrlichen Glánz für das physische Auge wahrnehmbar zu machen oder befand sich Joan in einem höheren Bewußtseinszustand, in dem sie das goldene Licht der Engel in ihrer Welt wahrnahm? Was immer es war, für Joan Kelly gab es niemals mehr in ihrem Leben einen Zweifel, daß Engel wahrhaftig existierten!

Engel kennen keine Grenzen

Wenn man die vielen Berichte über Engel sorgfältig liest, stellt man immer wieder verblüfft fest, wie vielfältig offensichtlich ihre Möglichkeiten sind, um Einfluß auf die Welt der Menschen zu nehmen. Es läßt sich daher auf die Frage „Was sind Engel?" am ehesten die Antwort geben, daß sie unsere besten, wenngleich unsichtbaren Freunde sind. Sie finden die einfachsten und auch die „unmöglichsten" Wege, um uns zu helfen, zu beschützen, zu inspirieren und auf den „rechten Weg" zu schicken.

Engel haben keine Flügel, aber trotzdem können sie in Windeseile bei uns sein!

Engel halten keine Vorträge, aber wir können ihre Botschaft in unseren Gedanken vernehmen!

Engel produzieren keine Platten, aber wir können sie manchmal singen hören!

Engel haben keine Taschenlampen, aber sie strahlen ein goldenes Licht aus!
Engel sind also offensichtlich viel kreativer, als die meisten Menschen sich vorzustellen vermögen. Sie sind, wie es die Kids des Computer-Zeitalters auszudrücken pflegen, einfach coole Typen!

KAPITEL 4

Engel weisen den Weg

Die Engel als mahnende Stimme

Der Nachtclub

Der Amerikaner James R. Logan besaß eine außergewöhnliche mediale Gabe, mit der er, zum Vergnügen reicher Leute in Amerika, in den berühmtesten Nachtclubs auftrat und viel Geld verdiente.

Es scheint gerade auf Menschen, die kaum ein echtes spirituelles Interesse in ihrem Leben besitzen, einen besonderen Reiz auszuüben, mit dem Reich von Magie und Okkultismus in Kontakt zu kommen. Man findet sie bei allen Hypnose-Shows und den Auftritten der großen Zauberkünstler, von Hanussen bis David Copperfield. Offensichtlich ist dies für sie die einzige Möglichkeit, um „das Unerklärliche" an sie heranzulassen.

James Logan jedenfalls nutzte seine echte Begabung, um sein Publikum zu verblüffen und blendend zu unterhalten. Allmählich jedoch überfielen ihn Zweifel, ob er seine Fähigkeit auf diese Weise nutzen durfte.

Eines Nachts lag er zu Hause auf dem Bett, um sich nach einer Vorstellung zu entspannen. Kurz vor dem Einschlafen riß ihn plötzlich das überwältigende Gefühl, nicht mehr allein im Zimmer zu sein, wieder ins Wachbewußtsein zurück. Er

schnellte empor und erblickte am Fußende seines Bettes eine Gestalt, die von gelbem, elektrisierendem Licht umgeben war. Das Wesen schillerte in einem Lichtglanz, der aus seinem Inneren auszustrahlen schien. Der ganze übrige Raum lag in völliger Dunkelheit, nur dieser unerwartete Besucher verbreitete um sich herum diese Lichtstrahlung. In einem Teil seines Wesens, den Logan als so etwas wie seine rechte Hand bezeichnete, hielt es einen Gegenstand aus pulsierendem Licht. Dann formte es wortlos eine Botschaft, die er jedoch wie eine gewaltige Stimme in seinem Kopf dröhnen hörte. Die Botschaft lautete: „Gott hat dir diese Gabe gegeben; sieh' zu, daß du sie richtig gebrauchst!" Dann legte das Wesen den pulsierenden Gegenstand in seine Augen, und er fühlte etwas in seinem Kopf explodieren. Im nächsten Augenblick war das Wesen verschwunden.
Es braucht nicht hinzugefügt zu werden, daß James Logan von da an nicht mehr seiner Tätigkeit im Nachtclub nachging.

Die Dame im Wald

Einer der außergewöhnlichsten Menschen des 20. Jahrhunderts war zweifelsfrei Edgar Cayce. Unter der Überschrift „Der schlafende Prophet" erlangte er Weltberühmtheit. Er besaß die einzigartige Gabe, in einer Art meditativem Schlaf Menschen Hilfestellungen in allen Lebensfragen zu geben und sie zusätzlich mit medizinischen Anweisungen zu versorgen, die häufig selbst das Wissen von Fachärzten bei weitem übertrafen. Als Cayce starb, war er einer der bekanntesten Menschen seiner Zeit, und die Zahl derer, denen er geholfen hatte, ging in die Zehntausende.

Als Cayce dreizehn Jahre alt war, saß er eines Tages allein im Wald und las in der Bibel. Er war bereits als Jugendlicher von dem Wunsch erfüllt, anderen Menschen helfen zu können. Während er so in seine Lektüre vertieft war, erschien vor ihm ein Engel, den er damals, in seiner Sprache, als die „wunderschöne Dame im Wald“ bezeichnete. Sie versicherte ihm, seine Gebete seien erhört worden, und er könne von jetzt an beginnen, den Menschen zu dienen.

Dieses Ereignis war der Anfang für ein einzigartiges Leben im Dienst an der Menschheit!

Engel machen Mut

Krisensituationen und Lebenswenden

Besonders häufig werden Engel-Erfahrungen in menschlichen Krisensituationen berichtet. Es hat den Anschein, daß Engel in Augenblicken, in denen Menschen vor einer Lebenswende oder der Bewältigung eines schmerzhaften Abschiedes von einem geliebten Freund oder Partner stehen, besonders sensitiv für die Inspiration aus einer anderen Ebene sind. In diesen Stunden oder Tagen vermögen die lichten Boten in vielen Fällen Trost oder Ermutigung zu schenken und über ihre inspirierenden Botschaften den Weg zu neuen Ufern zu weisen.

Aufbruch zu neuen Ufern

Viele Menschen schildern auch die Erfahrung, daß sie in Lebenslagen, in denen ihnen der Mut fehlte, plötzlich eine Begegnung oder Erfahrung hatten, durch die sie die innere Kraft entfalten konnten, um mutig voranzuschreiten auf einem neuen Lebenspfad. Manchmal scheinen auch andere Menschen diesbezüglich die Aufgabe eines „Engels" zu übernehmen, wobei dies nur zum Teil im übertragenen Sinne gemeint ist. Vielfach wird von plötzlichen Ideen oder

Gedanken berichtet, die einem Freund gegenüber ausgesprochen werden; und gerade diese Ideen und Gedanken erweisen sich als das Schlüsselwort, das jene Menschen benötigt haben. Auf Rückfragen zeigen sich dann die „Ideengeber“ selbst überrascht, wieso sie plötzlich auf diesen oder jenen Einfall gekommen sind, der ihnen vorher überhaupt nicht in den Sinn gekommen war.

Vertrauen zum Leben

Auch Engel können den Menschen nicht zwingen, sein Leben zu ändern oder aus einer Sackgasse umzukehren und eine neue Richtung einzuschlagen. Selbst die dramatischsten Hinweise aus der Engelwelt verhallen ungehört, wenn es dem Menschen an Vertrauen zum Leben fehlt. Am Vertrauen, als göttliches Geschöpf ein erfülltes Leben führen zu können und eine sinnvolle Lebensaufgabe zu finden.
Engel können zwar ein Wegweiser für den Menschen sein – den WEG beschreiten muß dann jedoch jeder selbst!

KAPITEL 5

Schutzengel

In der Bibel

Drei Männer im Feuerofen

Eine der bekanntesten biblischen Erzählungen handelt von den drei frommen jüdischen Männern, die sich weigerten, das Götzenbild des Königs Nebukadnezars anzubeten. (Daniel 3,1-30)
Nebukadnezar erzürnte darüber so sehr, daß er befahl, Schadrach, Meschach und Abed-Nego, so hießen die drei, in einen glühenden Feuerofen zu stecken, wenn sie ihm nicht gehorchen und seinen Gott anbeten wollten.
Die drei frommen Juden jedoch erwiderten, wenn es ihrem Gott gefallen wolle, so würde er sie erretten.
Doch selbst wenn dies nicht der Fall sein würde, so weigerten sie sich dennoch, den Götzen Nebukadnezars anzubeten. Dann fährt die Überlieferung im Buch Daniel fort:
„Da wurde Nebukadnezar voll Grimm, und der Ausdruck seines Angesichts veränderte sich gegenüber Schadrach, Meschach und Abed-Nego, und er befahl, man sollte den Ofen siebenmal heißen machen, als man es sonst zu tun pflegte.
Und er befahl den besten Kriegsleuten, die in seinem Heer waren, Schadrach, Meschach und

Abed-Nego zu binden und in den glühenden Ofen zu werfen.
Da wurden diese Männer in ihren Mänteln, Hosen, Hüten, in ihrer ganzen Kleidung gebunden und in den glühenden Ofen geworfen.
Weil das Gebot des Königs so streng war, schürte man das Feuer im Ofen so sehr, daß die Männer, die Schadrach, Meschach und Abed-Nego hinaufbrachten, von den Feuerflammen getötet wurden.
Und die drei Männer, Schadrach, Meschach und Abed-Nego, fielen hinab in den glühenden Ofen, gebunden wie sie waren.
Aber der Engel des Herrn war zugleich mit Asarja und denen, die bei ihm waren, in den Ofen gestiegen, hatte die Feuerflamme aus dem Ofen hinausgestoßen und ließ es mitten im Ofen so sein, als ob ein Wind wehte, der kühlen Tau bringt. So rührte das Feuer sie überhaupt nicht an und fügte ihnen weder Schmerz noch Schaden zu.
Da fingen die drei mit einem Munde an zu singen, priesen und lobten Gott in dem Ofen.
Da entsetzte sich der König Nebukadnezar, fuhr auf und sprach zu seinen Räten: ‚Haben wir nicht drei Männer gebunden in das Feuer werfen lassen?' Sie antworteten und sprachen zum König: ‚Ja, König.'
Er antwortete und sprach: ‚Ich sehe aber vier

Männer frei im Feuer umhergehen, und sie sind unversehrt; und der vierte sieht aus, als wäre er ein Sohn der Götter.'
Und Nebukadnezar trat vor die Tür des glühenden Ofens und sprach: ‚Schadrach, Meschach und Abed-Nego, ihr Knechte Gottes des Höchsten, tretet heraus und kommt her!' Da traten Schadrach, Meschach und Abed-Nego heraus aus dem Feuer.
Und die Fürsten, Würdenträger, Statthalter und Räte des Königs kamen zusammen und sahen, daß das Feuer den Leibern dieser Männer nichts hatte anhaben können und ihr Haupthaar nicht versengt hatte; ja, man konnte keinen Brand an ihnen riechen.
Da fing Nebukadnezar zu sprechen an: ‚Gelobt sei der Gott Schadrachs, Meschachs und Abed-Negos, der seinen Engel gesandt und seine Knechte errettet hat, die ihm vertraut und des Königs Gebot nicht gehalten haben, sondern ihren Leib preisgaben; denn sie wollten keinen anderen Gott verehren und anbeten als allein ihren Gott!'
Diese beeindruckende Geschichte aus dem Alten Testament stellt eine Herausforderung für jeden dar, der bisher vielleicht den Schutzengel-Glauben ein wenig belächelt hat. Entweder haben die alten Patriarchen und Schreiber maßlos übertrieben und fromme Legenden auch in das

Buch Daniel eingefügt oder das Wirken der Schutzengel ist eine unbestreitbare Tatsache.

Die Schutzengel der Kinder

Auch das Neue Testament spricht an vielen Stellen über Schutzengel. Die bekannteste und mahnendste Stelle findet sich bei Matthäus und betrifft das Wohlergehen der Kinder. Jesus erklärt, daß der Mensch werden müsse wie die Kinder, wenn er das Himmelreich sehen wolle, und fährt dann fort: „Wer einen von diesen Kleinen, die an mich glauben, zum Bösen verführt, für den wäre es besser, wenn er mit einem Mühlstein um den Hals im tiefen Meer versenkt würde. Wehe der Welt mit ihrer Verführung! Es muß zwar Verführung geben; doch wehe dem Menschen, der sie verschuldet.

Wenn dich deine Hand oder dein Fuß zum Bösen verführt, dann hau sie ab und wirf sie weg! Es ist besser für dich, verstümmelt oder lahm in das Leben zu gelangen, als mit zwei Händen und zwei Füßen in das ewige Feuer geworfen zu werden.

Und wenn dich dein Auge zum Bösen verführt, dann reiß es aus und wirf es weg! Es ist besser für dich, einäugig in das Leben zu gelangen, als mit zwei Augen in das Feuer der Hölle geworfen zu werden.

Hütet euch davor, einen von diesen Kleinen zu verachten! Denn ich sage euch: Ihre Engel im Himmel sehen stets das Angesicht meines himmlischen Vaters."

Schutz vor physischer Gefahr

Bei Umfragen, ob sie an Engel glauben würden, reagieren viele Menschen anfänglich etwas verwirrt, manchmal ein wenig belustigt, häufig ernst und manchmal mit großen emotionalen Regungen, die bis hin zu spontanen Tränenausbrüchen gehen können. Auch wenn in der Regel die Antwort lautet, man habe zwar noch keinen Engel „gesehen", aber ... Und dann folgt in vielen Fällen die Schilderung eines besonders bewegenden Erlebnisses, das teilweise schon viele Jahre oder Jahrzehnte zurückliegen kann.
Brenda Jennings aus Pennsylvania war eines Tages mit ihrem Wagen auf einer Schnellstraße unterwegs. Es war eine lange, geradeaus führende Zubringerstrecke zur Autobahn. Niemand war mit ihr auf dem überschaubaren Fahrbahnabschnitt, als sie plötzlich unmißverständlich eine Stimme in ihrem Kopf sagen hörte: „Sei auf der Hut!" Brenda reagierte äußerst verblüfft, weil dies eine Formulierung war, die sie selbst niemals gebraucht hätte. Der Schweiß brach ihr aus. Sie setzte sich kerzengerade hinter das Lenkrad und

starrte mit äußerster Anspannung auf die Straße. Noch immer war kein anderes Fahrzeug oder irgendein Hindernis zu erkennen.

Sie näherte sich der Autobahn und reihte sich nach der Auffahrt hinter zwei vor ihr fahrende Fahrzeuge ein.

Während sie schon zu zweifeln begann, ob sie sich nicht alles einbilden würde, scherte plötzlich der erste Wagen scharf nach links aus, und der zweite folgte ihm unmittelbar danach. Ohne etwas zu erkennen, folgte Brenda ihrem Beispiel und riß den Wagen nach links. Sekunden später erkannte sie, worum es ging. Auf der Straße lag ein riesiger eiserner Dreifuß, mit dem man Wohnwagen aufbocken konnte. Es gelang ihr, um Haaresbreite dem metallenen Ungetüm auszuweichen.

Im Rückspiegel sah sie jedoch, daß der Fahrer eines kleinen Sportwagens Pech hatte. Ihm gelang es nicht mehr, dem Hindernis auszuweichen. Er streifte den Dreifuß, konnte zum Glück ein Überschlagen vermeiden und rutschte die Böschung hinunter.

Brenda war zutiefst überzeugt, daß an diesem Tag ihr Schutzengel ihr Leben gerettet hatte.

Die Klapperschlange

Terry Lynn Taylor zählt mittlerweile zu den bekanntesten Autorinnen, die zu dem Thema Engel Bücher veröffentlicht haben. Anlaß dazu waren nicht nur die bewegenden Berichte, die sie von anderen Menschen gesammelt hatte, sondern auch ein dramatisches eigenes Erlebnis.

Sie machte mit Freunden auf einer einsamen kleinen Insel Urlaub. An einem wunderschönen Nachmittag beschloß sie, das herrliche Wetter zu einem kleinen Ausflug durch die dichten Wälder zu nutzen. Sie suchte ein wenig Stille und Einsamkeit und beschloß daher, ohne ihre Freunde einen Waldspaziergang zu unternehmen.

Sie streifte völlig sorglos und entspannt durch die Wälder, als plötzlich, mitten in der Vorwärtsbewegung, den rechten Fuß noch in der Luft, ihr ganzer Körper vollständig erstarrte. Selbst ihr Atem setzte aus. Im Gefühl völliger Verblüffung richtete sie ihre Augen auf den Boden und erblickte eine riesige Klapperschlange, die sich anmutig durch das Gras schlängelte und den Eindringling in ihre Welt gar nicht bemerkt hatte.

Den Bruchteil einer Sekunde später, und Terry hätte ihren Fuß direkt auf die Schlange gesetzt. Selbst wenn sie es nach einem Biß noch zurück zum Campingplatz und zu ihren Freunden geschafft hätte, wäre die Chance, rechtzeitig von der Insel weg und zu einer Klinik zu kommen, die dann auch noch das entsprechende Anti-Serum zur Verfügung gehabt hätte, gleich Null gewesen. Ihr Engel mußte die Fähigkeit besessen haben, ihren Körper für Augenblicke völlig in seiner Bewegung anzuhalten, bis die Gefahr vorüber war. Nur so konnte er ihr Leben retten.

Der Unfall mit dem Reh

Auch Patricia Frank widerfuhr in einer dramatischen Unfallsituation Hilfe durch ihren Schutzengel, der ihr im Augenblick völliger Lähmung durch den Schock des Zusammenpralls die richtige Anweisung gab. Sie berichtet:
„An einem Januarabend um halb sieben, zwei Tage vor dem Einzug in unser neues Haus, stieß ein Reh gegen meine linke Autoseite, als ich auf einer Schnellstraße fuhr. Der Aufprall schleuderte meinen Wagen herum und auf eine Leitplanke zu.
Die Zeit schien sich im Zeitlupentempo zu bewegen. Innerlich sah ich einen gähnenden Abgrund vor mir, und ich dachte bei mir: ‚Oh, lieber Gott! Nein! Ich möchte leben; da ist unser neues Haus und die Hochzeit in drei Monaten. Nein, ich will nicht sterben! David braucht mich!'
In diesem Augenblick hörte ich über und rechts

neben mir eine Stimme sagen: ‚DREHE DAS LENKRAD NACH RECHTS!' Ich tat es sofort, und der Wagen rollte von der Straße und einen Hügel hinauf."

Patricia verlor das Bewußtsein und erwachte erst eine ganze Weile später, halb über dem Steuer hängend. Es war niemand in der Nähe, und anscheinend hatte kein anderer Fahrer den Unfall bemerkt. Es gelang ihr, den Wagen vorsichtig den Abhang hinunterzusteuern und langsam nach Hause zu fahren. Am nächsten Tag fuhr sie noch einmal zu der Unfallstelle und erkannte bei Tageslicht, daß sie nur wenige Meter vor einer tiefen Schlucht zum Stehen gekommen war. Noch einmal dankte sie bewegt ihrem Schutzengel für die Rettung aus höchster Gefahr.

Kurz vor dem Abhang

Dorothy Fischer aus Washington war mit ihrer zehnjährigen Tochter auf einer Urlaubsfahrt. Von Vancouver aus fuhren sie mit dem Wagen in Richtung Grand Canyon. Die Reise verlief ohne Probleme, bis sie gegen Abend den Marys-Hill-Paß erreichten. Von einem Augenblick auf den anderen war die bisher völlig trockene Straße schnee- und eisbedeckt. Ihre Geschwindigkeit war offensichtlich dafür bei weitem zu hoch gewesen, denn plötzlich drehte sich der Wagen und fuhr auf einen Felsrand zu. Es gab nicht mehr, was den Wagen hätte aufhalten können. Der Sturz in die Tiefe schien unvermeidlich. Der Abhang raste auf Dorothy und ihre Tochter zu, als diese in höchster Verzweiflung „Halt!“ schrie. In diesem Moment blieb der Wagen wie angewurzelt stehen, unmittelbar vor dem gähnenden Abgrund! Als Dorothy, wie sie es ausdrückte, wieder ihre fünf Sinne beieinander hatte, gelang es ihr, behutsam den Wagen zu wenden und wieder auf die Fahrbahn zurück zu steuern. Am Ende des Passes angekommen, hielt sie beim ersten Motel an, um ihre Rettung zu feiern und sich bei ihren Schutzengeln zu bedanken.

Die Hand im Wasserfall

Manche Unfallsituationen sind so dramatisch, daß den Engeln offensichtlich nichts anderes übrig bleibt, als selbst *physisch* einzugreifen!
Susan Hill war mit ihrem Mann zu einem Wander- und Kletterausflug in den Bergen unterwegs, als dieser durch eine Unachtsamkeit in einen riesigen, äußerst steilen Wasserfall stürzte. Im ersten Augenblick glaubte er, seine letzte Stunde sei gekommen. Es bestand kaum eine Chance, sich aus eigener Kraft aus diesen gewaltigen Wassermassen zu befreien. Doch in diesem Moment höchster Lebensgefahr spürte er plötz-

lich, wie eine starke Hand ihn nach oben schob, so daß er auf einem kleinen Felsvorsprung in der Mitte des Wasserfalls Fuß fassen konnte. Von dort aus gelang es ihm, sich unter den herabstürzenden Fluten wieder in Sicherheit zu bringen.
Es war ein bewegendes Erlebnis und erfüllte ihn mit großem Dank für seinen unsichtbaren Retter!

Immer zur Stelle

Die geschilderten Erlebnisberichte, die naturgemäß nur unvollkommen wiedergeben können, wie bewegt die betroffenen Personen nach ihren Rettungen waren, zeigen ganz eindeutig, daß Engel offensichtlich in Sekundenschnelle einzugreifen vermögen. Denkbar ist es auch, daß in ihren Sphären, die ja nicht den Gesetzen der dreidimensionalen Wirklichkeit unterliegen dürften, die Zeit zum Raum wird. Engel vermögen so möglicherweise Entwicklungen im „Raum" vorherzusehen, die sich für den Menschen in der Zeit natürlich erst nacheinander abspielen.
Vielleicht sollte der Mensch sich auch nicht zu viele Gedanken machen, auf welche Weise die Engel ihren „Job" bewältigen. Entscheidend ist, wie vollkommen sie ihn bewältigen. Dafür kann man nur dankbar sein!

Schutzengel im Alltag

Die Wasserschüssel

Nicht immer müssen die Ratschläge der Engel oder ihr Eingreifen in dramatischen Situationen erfolgen. In vielen Fällen scheinen sie der Gefahr vorausschauend Einhalt zu gebieten. Ein solcher Fall widerfuhr Margaret Harmon aus Texas.
Sie wollte mit dem Auto in die Stadt fahren und befand sich in Eile, als eine entschiedene innere Stimme sie aufforderte, ihrem Hund vor der Abfahrt noch Wasser zu geben. Die Wasserschüssel für ihren Vierbeiner befand sich jedoch im Hof, was eine zusätzliche Verspätung bedeutet hätte, wenn sie der Aufforderung nachgekommen wäre.
Also sagte sich Margaret, ihr Hund werde in der kurzen Zeit schon nicht verdursten, und sie könne ihm ja Wasser nach der Rückkehr von ihrer Verabredung geben. Sprach's, zog die Haustür ins Schloß und ging zum Wagen.
Noch während sie die Haustür schloß, meldete sich die Stimme wieder, die sie diesmal geradezu anschrie, endlich dem Hund Wasser in seinen Trinknapf zu füllen.
Margaret gab sich geschlagen. Die Aufforderung war einfach zu massiv, um ihr noch einmal zu widerstehen. Sie legte die Autoschlüssel auf die

Kühlerhaube und ging in den Hof. Sie nahm den Gartenschlauch und wollte die Wasserschüssel füllen. Zu ihrem Erstaunen befand diese sich jedoch nicht an dem Platz, an dem sie sich immer befand. Erstaunt blickte sie sich im Hof um und fand nach kurzem Suchen heraus, daß die Wasserschüssel sich unter dem Küchenfenster befand. Sie bückte sich, um sie aufzuheben, als ein scharfer Gasgeruch in ihre Nase stach. Sie füllte die Schüssel, ging wieder ins Haus und rief das Gaswerk an.
Innerhalb weniger Minuten traf der Notdienst ein um festzustellen, daß ihr Haus durch einen kleinen Funken jederzeit hätte in die Luft fliegen können. Sie bekam die Anweisung, auf keinen Fall mehr das Haus zu betreten, bis das Leck gefunden und der Schaden behoben war.
Jetzt wußte Margaret, warum sie dem Hund unbedingt Wasser in seinen Trinknapf füllen sollte!

Die Kontaktlinse

Eine amüsante Engelsgeschichte erlebte eine Kontaktlinsenträgerin, die eines Morgens erschrocken feststellen mußte, daß ihre Kontaktlinsen beim nächtlichen Ablegen am Finger kleben geblieben und zu Boden gefallen sein mußte. Verzweifelt machte sie sich auf die Suche, da sie mit ihrem zweiten Auge fast gar nichts sah und so völlig hilflos war. Sie setzte ihre Brille auf, aber wie viele Träger von Kontaktlinsen konnte sie sich kaum an die ungewohnte Sehhilfe gewöhnen, die sie ansonsten nie benutzte. Sie kroch also, halb blind, auf dem Fußboden hin und her, um ihre Kontaktlinse wiederzufinden.

Glücklicherweise glaubte sie an Engel, und so flehte sie ihren lichten Helfer inständig an, er möge ihr doch helfen, das kostbare Stück wiederzufinden. In diesem Augenblick vernahm sie einen sanften Pfeifton aus dem Badezimmer. Sie konnte sich nicht vorstellen, daß die Kontaktlinse so weit gerollt war – aber wenn die Engel meinten! Sie krabbelte also auf allen vieren zum Badezimmer – aber keine Kontaktlinse! Schon ziemlich frustriert wandte sie sich um und kroch zurück, als sie nach wenigen Schritten einen schimmernden Fleck auf dem Teppich sah. Überglücklich setzte sie ihre Kontaktlinse wieder ein und verstand nun auch, warum sie ihr Engel erst ins Badezimmer gerufen hatte. Von ihrem ursprünglichen Ausgangspunkt aus hätte sie die Kontaktlinse nicht sehen können und wäre so möglicherweise noch lange im Zimmer herumgeirrt.

Die Spuren im Sand

Über das Wirken der Engel im täglichen Leben der Menschen gibt es eine zauberhafte kleine Legende, die auch in verschiedenen Abwandlungen überliefert ist. Hier soll sie in der „Engel-Form" überliefert werden.

Ein Mann träumte einmal, er wandere mit seinem Schutzengel am Strand entlang. Viele Szenen aus seinem Leben zogen vor seinem inneren Auge vorüber, und meistens erkannte er darin zwei Fußspuren im Sand. Die eine gehörte ihm, die andere seinem Schutzengel.

Dann jedoch erschaute er die besonders schwierigen Stunden und Augenblicke seines Lebens, in denen alles schwer, leidvoll und ohne Trost gewesen war. Gerade in diesen Phasen jedoch zeigte sich nur eine Fußspur im Sand.

Enttäuscht wandte er sich seinem Schutzengel zu und beklagte sich: „Du hattest mir doch versprochen, immer an meiner Seite zu gehen und mich zu behüten. Gerade in den schweren Stunden wolltest du mir Kraft schenken und Ermutigung bringen. Nun sehe ich, daß ich gerade in den schwersten Augenblicken meines Lebens allein gehen mußte."

Da ergriff der Schutzengel seine beiden Hände, sah ihm mit seiner unendlichen Liebe in die Augen und sprach: „Mein Freund, du weißt, daß meine Liebe dich immer begleitet und mein Schutz niemals von dir gewichen ist. In jenen Stunden, wo du nur eine Spur gesehen hast, habe ich dich getragen!"

Hilfe in Notlagen

Das Spielcasino

Engel sind überaus praktisch denkende Wesen. Sie scheuen sich auch nicht davor zurück, ganz unorthodoxe und so gar nicht „heilige" Methoden zu wählen, um ihren Schützlingen zu helfen. Julie Davidson kann dazu eine nette kleine Geschichte beisteuern.

Sie mußte durch eine restlos gescheiterte Ehe gehen, und nachdem sie die Trümmer ihres Lebens zusammengefegt hatte, wählte sie den Weg ins „Land der unbegrenzten Möglichkeiten". Dort mußte sie allerdings feststellen, daß die Möglichkeiten zwar unbegrenzt, ihre finanziellen Mittel jedoch äußerst begrenzt waren. So kämpfte sie sich unter äußerst bescheidenen Bedingungen durch den Alltag.

Als sie eines Tages ihre kleine Wohnung putzte und darüber nachsann, wie sie wohl zu einem dringend nötigen kleinen Nebenverdienst kommen könnte, bemerkte sie, wie plötzlich ein wunderbarer Duft den Raum erfüllte, obwohl sich

überhaupt keine Blumen darin befanden. Dann empfing sie den Ratschlag, in ein Casino zu gehen. Sie würde gewinnen.
Julie beschloß, dem Rat umgehend Folge zu leisten. Sie begab sich in ein Spielcasino, steuerte zielsicher einen bestimmten Spielautomaten an und begann zu spielen. Sie wußte nicht, warum es gerade dieser Apparat sein sollte, aber sie war felsenfest davon überzeugt, er müßte der richtige sein.
Nach fünf Minuten hatte sie zweitausend Dollar gewonnen – für sie ein Vermögen. Ihr Verstand sagte ihr, sie solle aufhören und mit dem Gewinn nach Hause gehen. Ein „vernünftiger" Gedanke. Die Stimme in ihr forderte sie jedoch auf, noch etwas weiterzuspielen.
Das tat sie dann auch – und landete kurze Zeit später den Hauptgewinn! Mit fünfundzwanzigtausend Dollar in der Tasche taumelte sie überglücklich nach Hause, um Gott und ihrem Schutzengel zu danken. Es war die Wende in ihrem Leben zu einem Neuanfang!

Die Hilfe für andere

Engel kommen nicht nur unverhofft, man kann auch um ihr Eingreifen bitten. Dies vor allem dann, wenn es nicht um den eigenen Schutz oder das eigene Wohlergehen geht, sondern um das

Wohl und die Sicherheit anderer. So gibt es immer wieder bewegende Beispiele von Menschen, die bei der Bitte um Hilfe plötzlich leuchtende Gestalten erblickten, von denen sie wahrnahmen, daß sie aus einer anderen Welt gekommen waren, um zu helfen. Die kurze Geschichte von Jodie Garner mag diesbezüglich als ein Beispiel für viele stehen.
„Ich bete nicht sehr häufig, doch an jenem Augustabend fühlte ich mich gedrängt, den Segen für jene, die ich liebe, zu erbitten. Jeden einzelnen nannte ich innerlich mit Namen.
Ich hatte meine Augen geschlossen, nahm aber wunderschöne kleine und durchscheinende Gestalten wahr. Erschrocken öffnete ich die Augen, die Gestalten waren immer noch da. Ein schweigendes, sehr fühlbares ‚Band' schwang zwischen uns, ein Empfinden von Vertrautheit. Meine Gefühle lassen sich kaum in Worte fassen. Ich glaube, Fürsorge und Liebe ihrerseits und Erstaunen und ein wenig Spannung meinerseits drücken die Wahrnehmungen am ehesten aus.
Außerdem ‚sah' ich oder wurde mir bewußt eine andere Gestalt, die Maria ähnelte. Ich bin weder katholisch noch gehöre ich irgendeiner sonstigen religiösen Vereinigung an. Das ganze Geschehen jedoch, das mir klar vor Augen steht, bedeutete mir sehr viel."
Diese Geschichte zeigt nicht nur, daß Gebete

wirklich erhört werden, wenn sie aus einer lauteren, selbstlosen Gesinnung heraus gesprochen werden, sondern sie belegt auch, daß Engel offensichtlich nicht darauf achten, ob jemand den richtigen „Passierschein für das Himmelstor" vorweisen kann.
Engel sehen in die Herzen der Menschen, nicht in den Eintrag „Konfession" auf dem örtlichen Personenmeldebogen beim Einwohnermeldeamt. Engel sind einfach herrlich unkonventionell!

Die Engel und die Liebe

Der Teenager

Wer glaubt, die Engel seien „zu heilig", um sich in das menschliche Beziehungschaos einzumischen, der irrt sich gewaltig. Der zwischenmenschliche Bereich bestimmt wie kaum ein anderer das tägliche Leben der Menschen, wie könnten die Engel sich daraus heraushalten. Ganz im Gegenteil, sie mischen kräftig mit!
Eine süße kleine Geschichte erzählt Rebecca, die als fünfzehnjähriger Teenager zum ersten Mal zu einem großen Ball eingeladen worden war. Vor Aufregung konnte sie schon Tage vorher kaum noch schlafen oder essen. Wie mußte sie sich verhalten? Was sollte sie anziehen? Durfte sie sich in

der Öffentlichkeit küssen? Welche Tänze würden getanzt? Fragen über Fragen und eine schreckliche Aufregung.
Endlich war der große Tag gekommen. Mit zitternden Händen stand Rebecca vor dem Spiegel, um sich als „Ballkönigin" zu schminken; denn welches junge Mädchen möchte schon als „häßliches Entlein" zu seinem ersten Ball gehen. Während sie so in Panik vor dem Spiegel stand, tauchte urplötzlich eine verschwommene Gestalt über ihrer linken Schulter auf, und irgendwo in ihrem Kopf hörte sie eine sanfte, aufmunternde Stimme die Worte zu ihr sprechen: „Habe keine Angst; es wird dir nichts Schlimmes zustoßen. Ich werde bei dir sein und auf dich aufpassen."
In diesem Augenblick fielen alle Ängste und Befürchtungen von ihr, und sie konnte einen tollen Ball erleben. Von nun an wußte sie, daß es „jemanden" gab, der an ihrer Seite stand und über ihrem Leben wachte. Es war eine ganz wichtige Lebenserfahrung für sie.

Das Telefon

Engel können durchaus auch indiskret sein und sich nicht an die Gepflogenheit der sogenannten „Guten Sitten" der menschlichen Gesellschaft halten, wie die Amerikanerin Joan Lake erfuhr. Sie war über viele Jahre in einer äußerst problemati-

schen Beziehung verheiratet, fand aber nicht die Kraft, sich aus der Ehe zu lösen und einen Neuanfang zu wagen.
Eines Tages teilte ihr Mann ihr mit, er wolle den Tag allein am Meer verbringen. Das war nichts Ungewöhnliches, sondern kam öfter vor. Joann dachte sich also nichts dabei und ging im ersten Stock ihres gemeinsamen Hauses einer Tätigkeit nach, als eine laute Stimme sie plötzlich aufforderte: „Nimm den Hörer ab." Sie folgte verblüfft der Aufforderung, ohne unmittelbar über die Konsequenzen nachzudenken, und mußte mit anhören, wie ihr Mann mit seiner Geliebten am Telefon die Pläne für den Tag besprach.
Engel haben vielleicht nicht notwendigerweise etwas gegen eine Geliebte oder einen Geliebten; aber in diesem Fall standen sie eindeutig auf der Seite der Ehefrau.
Dieses Erlebnis gab Joann die Kraft, die Beziehung zu beenden, sich scheiden zu lassen und ein neues Leben zu beginnen.
So entstand aus einer kleinen „Engel-Indiskretion" ein positiver Neuanfang im Leben eines Menschen. Allerdings möchten die Engel diese Geschichte wahrscheinlich nicht als Aufforderung zum ständigen Abhören privater Telefongespräche verstanden wissen!

Es gibt nichts, was es nicht gibt!

Gerade im Bereich der zwischenmenschlichen Beziehungen, die, wenn man sie als Außenstehender betrachtet, ja nicht selten einer gewissen Komik entbehren, scheinen sich auch die Engel höchst ungewöhnlicher Methoden zu bedienen. So erschien ein Engel, um einer der Trunksucht verfallenen Ehefrau durch sein dramatisches Auftauchen einen solchen Schock zu versetzen, daß sie von diesem Augenblick an keinen Tropfen mehr anrührte und dadurch ihre im Scheitern begriffene Ehe zu retten vermochte.

Ein anderer Engel verwickelte zwei Menschen in solche irrwitzigen Begegnungen, bis sie endlich, am Ende einer Kette von Zusammentreffen an unmöglichsten Plätzen und unter den unglaublichsten Umständen, bemerkten, daß sie einander liebten. Es war zweifellos ein Engel mit Vorlieben für das Skurrile.

Den Vogel in der Verwendung ungewöhnlicher Methoden schoß jedoch der Schutzengel von Sandy ab. Sandy besaß die leider doch nicht so seltene „Fähigkeit", über keinerlei Menschenkenntnis zu verfügen. So geriet sie von einer katastrophalen Beziehung in die nächste, wurde ununterbrochen in ihrer Gutmütigkeit und Gutgläubigkeit mißbraucht und stand am Ende immer mit leeren Händen dar. Um diesem untragbaren Zustand ein Ende zu bereiten, wählte ihr Schutzengel eine drastische Methode. Immer wenn sein Schützling wieder einmal in Gefahr stand, sich in eine völlig ungeeignete Beziehung mit einem völlig ungeeigneten Partner zu stürzen, warnte er sie mittels eindeutiger Rülpser, die zudem stark nach Schwefel rochen. Man möchte einem Engel ein derartiges Verhalten gar nicht zubilligen – doch es wirkte. Auf diese Weise gelang es ihm endlich, die gute Sandy vor weiterem Unheil zu bewahren.

Engel sind einfach unglaublich kreative Geschöpfe!

KAPITEL 6

Heilengel

Gibt es Engel der Heilung?

Das Licht der Reinheit

In den Kirchen wie auch in verschiedenen spirituellen Gruppierungen wächst allmählich wieder ein Bewußtsein für die Fähigkeit des Menschen, als Heiler tätig zu sein. Was in den biblischen Zeiten möglich war, sollte doch auch in unseren Tagen geschehen können. Es stellt sich die Frage, ob es für diese segensreiche Tätigkeit auch den Schutz der Engel gibt.

In dem Buch „Der geistige Pfad" spricht ein weiser Indianer namens „White Eagle" über diese besonderen Wesenheiten.

„Der Erdenmensch von heute hat sehr wenig Kenntnisse von der Existenz der Heilengel. Doch mit dem fortschreitenden Einfluß eines neuen Bewußtseins werden viele Menschen nicht nur ihre Gegenwart spüren, sondern sie sogar sehen. Je nach Bedarf und je nach der erzeugten Schwingung kommen zu einer Heilbehandlung die in Sonnenlicht gekleideten Engel in den verschiedensten Farben. Ihr wißt, daß das Sonnenlicht alle Farben des Spektrum enthält. Nun stellt euch die Heilengel in diesen wunderbaren Farben vor. Nichts ist dunkel oder häßlich. Sie erstrahlen im Licht der Reinheit. Diese Engelwesen kommen sehr nahe an den Heiler heran, der seinen Teil dazu beitragen muß, um den Kontakt mit dem Heilungssuchenden herzustellen. Göttliche Heilstrahlen können sowohl zur Heilung des physischen Leibes als auch zur Heilung seelischer Schwierigkeiten angewendet werden, ja sogar um die dunklen, materiellen Umweltbedingungen, welche die Menschheit bedrücken, zu verändern.

Das reine weiße Licht strahlte unaufhörlich aus dem Herzen Jesu. Jeder Mensch kann auch heute noch diese Strahlung aus dem Herzen Christi in sein eigenes Herz fließen lassen, und wenn sein Herz freudig und rein bleibt, kann es seinerseits Licht und Heilkraft in alle Welt ausstrahlen.

Die spontane Selbstlosigkeit macht geistiges Heilen zu etwas Wunderbarem. Der Heiler strebt nicht nach Ruhm und Ehre. Täte er dies - er könnte nicht heilen. Er denkt lediglich an den Mitmenschen, an die Linderung von Schmerz und Leid. Die Umwandlung der dichteren, düsteren, drückenderen Lebensumstände in bessere, harmonischere, ist sein ganz großes Anliegen.

So wollen wir abschließend folgendes sagen: Wer sich nach geistiger Höherentwicklung und Entfaltung inneren Wachstums sehnt, der stelle sich in den Dienst des Heilens."

Heilengel sind wählerisch

Heilengel scheinen sich ihre irdischen Partner sehr genau auszusuchen. Sie benötigen für eine wirksame Zusammenarbeit menschliche Werkzeuge, die mit einem lauteren Herzen und großer, uneigennütziger Menschenliebe ausgestattet sind. Nur wenn dies der Fall ist, findet der Heilengel ein „Umfeld" vor, das es ihm erlaubt, mittels des menschlichen Heilers seine wundervoll heilsamen Kräfte auf die Erde zu senden.

Menschen, die noch voller Stolz und Egoismus sind und möglicherweise sogar damit prahlen, was für großartige Heiler sie seien, werden niemals einen Heilengel an ihrer Seite stehen haben. Die egoistische Ausstrahlung würde einen Engel sofort vertreiben – und einen Heilengel gleich zweimal. Heilengel sind nämlich wählerisch!

Die Heilengel im Gesundheitswesen

Wenn die Menschen wieder begreifen würden, daß ihnen „Engel der Heilung" zur Seite stehen, könnte der Gesundheitsminister ganz neue Möglichkeiten zur Senkung der Kosten im Gesundheitswesen ins Auge fassen. Wahrscheinlich tragen die Heilengel ohnehin schon einen erheblichen Teil der Last, ohne daß ihnen dafür ein großer Dank gezollt wird.

In einem ihrer wegweisenden Bücher über Engel schreibt die Mystikerin Flower A. Newhouse zu den Heilengeln: „Die ‚Engel der Heilung' befinden sich auf jedem Fall in der Umgebung eines Krankenhauses. Zusätzlich können die Gebete der Patienten oder die Bitten besorgter Verwandter oft Wesen anziehen, die einzelne Fälle übernehmen. Zuerst stellen diese Engel fest, ob ein Patient von seinem Körper befreit oder geheilt werden soll. Wenn ihre Prüfungen ergeben, daß die Lebensuhr des Menschen noch nicht abgelaufen ist, bringen sie zuerst seine Krankheit zum Stillstand und bemühen sich dann, das Bewußtsein des Kranken zu erlichten. Sie geben den Ärzten die zutreffenden Diagnosen und richtigen Behandlungsmethoden ein. Ob ein Arzt etwas verschreibt oder ein Heiler betet, die Hilfe aus den höheren Ebenen steht den Leidenden bei."

Es wäre also verkehrt anzunehmen, Heilengel würden etwa nur durch sogenannte „Wunderheiler" wirken. Ganz im Gegenteil. Die Hauptaufgabe der Heilengel scheint darin zu liegen, mit den Menschen in den Heil- und Pflegeberufen zusammenzuarbeiten, die ihr ganzes Leben dem Dienst am Kranken gewidmet haben. Nur in den Ausnahmefällen mag es begnadete Menschen geben, die in besonderem Maße die Fähigkeit besitzen, sich auf die Engel der Heilung einzustellen. Diese werden jedoch eher in der Stille wirken und den Rummel, der sich um den „Wunderheiler“ meistens einstellt, zu vermeiden trachten.

Vom wunderbaren Wirken der Heilengel

Der Düsenengel

Es war Erntedankfest, und Christopher Hammond lag mit großen Schmerzen im Bett. Er blickte aus dem Fenster, als plötzlich ein gewaltiger Lärm das Zimmer erfüllte, den er allen Ernstes mit dem Dröhnen einer Boeing 747 verglich. Eine große Kraft erfüllte das Zimmer und ein Rauschen wie von Flügelschlägen. Er erinnert sich weiter: „Ich war wie versteinert. Etwas Seiden- und Fischschuppenartiges strich über meinen linken Arm und die linke Schulter. Soweit ich mich erinnern kann, spürte ich diese Berührung einige Sekunden lang. Ich schauderte. Ich wagte mich nicht auf die andere Seite zu drehen, um zu schauen, woher es kam.“
Die Verhaltensweise von Christopher ist nicht ungewöhnlich. In vielen Fällen ähnlichen Erlebens sind die Menschen so erschüttert von dem Einbruch einer anderen Wirklichkeit, daß sie es nicht wagen, sich ihr ganz zuzuwenden. Es ist so,

als sollte das Geheimnisvolle in seiner besonderen Sphäre belassen bleiben.
Trotzdem bedauerte Christopher später, sich nicht doch umgedreht zu haben, denn er war sicher, er hätte „etwas Wunderbares gesehen".

Sichtbare und unsichtbare Engel

Die Heilengel gehören offensichtlich zu jenen Engeln, die sich gerne ein wenig im Unsichtbaren aufhalten. Viele Menschen gaben an, einen besonderen Duft, ein Streicheln, eine sanfte Berührung oder einen Klang vernommen zu haben, dem in fast allen Fällen eine völlige Gesundung von einer schweren Krankheit oder zumindest eine erhebliche Besserung gefolgt war.
Anscheinend besitzen die Heilengel die Fähigkeit, den erkrankten Körper eines Menschen aus ihrer Welt heraus mit neuer Lebenskraft und vitalisierenden Energien zu versorgen.
Wie sie dies im einzelnen tun, betrachten sie wohl als ihr persönliches Geheimnis. Warum sollte der neugierige Mensch auch alles wissen? Es mag ihm genügen, von diesen leuchtenden Boten einer höheren Wirklichkeit geheilt worden zu sein.

Die drei Besucher

Trotz der dezent-zurückgezogenen Art der Engel der Heilung gibt es immer wieder auch Fälle, in denen die betroffenen Personen glaubwürdig versichern, die Engel ganz zweifelsfrei mit ihren physischen Augen gesehen zu heben. Die Geschichte von June ist einer dieser besonderen Fälle.

Ihr Mann war schwer erkrankt und krümmte sich mit furchtbaren Schmerzen im gemeinsamen Bett, ohne daß sie irgend etwas für ihn tun oder gar seine Schmerzen erleichtern konnte. Nach langer Qual fiel Junes Mann letztlich doch in einen Erschöpfungsschlaf, während sie neben ihm im Gebet versunken wach blieb. Plötzlich kam eine tiefe Ruhe über sie, und während dieses angenehme Gefühl ganz allmählich Besitz von ihrem besorgten Geist ergriff, erblickte sie am Fußende des Bettes ihren vor zwei Jahren verstorbenen ältesten Sohn. Sein voller Liebe leuchtendes Gesicht schaute sie an, während er einen Finger an die Lippen hielt, um ihr zu zeigen, nicht zu erschrecken und ruhig zu bleiben. Dann fährt June fort:

„Ich blickte zu meinem Mann hinüber und sah, wie zwei Engelwesen an ihm arbeiteten. Frieden durchströmte mich, denn ich wußte, sie würden eine wundervolle Arbeit an ihm vollbringen.

Ungefähr eine halbe Stunde lang lag das Zimmer in wundersamem Licht. Und dann war niemand mehr da. Ein nie zuvor gekanntes Gefühl von Frieden und Freude erfüllte mich."

Dieses und ähnliche Erlebnisse prägten entscheidend das Leben aller Menschen, denen sie widerfuhren. Es darf auch als Indiz dafür herangezogen werden, daß es sich um eine zutiefst wahrhaftige Erfahrung gehandelt haben muß. Traumerlebnisse oder vage Erinnerungen im Halbschlaf besitzen nicht die Kraft, das ganze Leben eines Menschen zu verändern. Häufig können sich sechzig oder siebzig Jahre alte Menschen an Begegnungen mit ihrem Schutzengel oder einem Heilengel erinnern, die sie in der Schulzeit gehabt haben!

Geist und Körper

Der Einfluß der Engel beginnt oft in der Ebene der Gedanken, um von daher eine Verhaltensänderung bei ihren Schützlingen herbeizuführen, die dann letztlich auch segensreiche körperliche Auswirkung zeitigen wird.
In vielen Fällen berichteten Menschen, daß die Engel ihnen Mut oder Stärke vermittelt hatten, um aus eigener Kraft ihr Leben oder eine schädliche Verhaltensweise zu verändern. Eine Ände-

rung, die sie, zumindest geben sie dies nahezu ohne Ausnahme an, aus eigener Kraft nicht geschafft hätten.
In vielen Fällen handelte es sich dabei vor allem um Abhängigkeiten und Suchtverhalten, die von Alkohol oder Drogen bis hin zur Spiel-, Computer- oder Nikotinsucht reichen. Dabei scheinen sich Engel auch auf diesem Feld ausgesprochen ungewöhnlicher Methoden zu bedienen. Eine starke Raucherin, die aufgrund ihrer religiösen Grundeinstellung sogar ihren Engel um Hilfe gebeten hatte, schaffte es anscheinend noch immer nicht, von der Zigarette loszukommen. Nach einem Kirchenbesuch, in dem sie wieder einmal um Beistand zur Befreiung von ihrer Sucht gebeten hatte, konnte sie auf der Rückfahrt doch nicht widerstehen, eine Zigarette anzuzünden. Sie griff nach der Zigarette, doch diese „schien plötzlich lebendig zu sein“. Sie entfiel ihrer Hand, und auch alle weiteren Versuche, die Zigarette aufzuheben und anzuzünden, scheiterten auf äußerst seltsame Art und Weise. Dieses „Zeichen“ war letztlich der letzte Impuls, dessen die junge Frau bedurft hatte, um vom Rauchen loszukommen. Von diesem Tag an zündete sie sich keine Zigarette mehr an. Ihr Engel hatte sie durch die „tanzende Zigarette“, wie sie es nannte, vom Rauchen geheilt.

Das innere Licht

In sehr vielen Fällen gehen die Erfahrungen, Begegnungen oder Berührungen mit der Engelwelt einher mit sehr intensiven Lichterfahrungen. Gleichgültig ob dabei die Engel als Wesen sichtbar werden oder nicht, ist ihr Erscheinen immer begleitet von strahlenden Lichtphänomenen. Schon die alten Weisen oder die mittelalterlichen Mystiker waren mit diesem geheimnisvollen Licht vertraut, und sie nannten es das „übernatürliche Licht". So kann es nicht verwundern, wenn es auch im Atomzeitalter auftritt, wenn das Einwirken von Engeln eine Rolle zu spielen beginnt.

Eine junge Amerikanerin erlebte, wie durch den Einfluß ihres (eines) Engels eine dramatische Seelenkrise gelöst wurde, die sie in völlige Ausweglosigkeit gestürzt hatte und aus der es kein Entkommen zu geben schien. Sie lag verzweifelt auf ihrem Bett, als sie plötzlich ein Licht in ihrem Kopf empfand und ihr Körper sich entspannte und ganz ruhig wurde. Dann erhielt sie Anleitungen und Anweisungen, die sie völlig verblüfften. Durch dieses Eingreifen eines Engelwesens wurden alle ihre Probleme gelöst, und sie fand Auswege, die sie überhaupt nicht für vorstellbar gehalten hatte. Glücklicherweise stellen sich viele Dinge aus der Sicht der Engel ganz offensichtlich weitaus weniger „unlösbar" dar, als es für die Menschen den Anschein hat.

Warum heilen die Engel nicht alle Krankheiten?

Immer wieder wird, aus verständlichen Gründen, die Frage gestellt, warum denn die Engel, zumal sie offensichtlich unendlich liebevolle Wesen sind, nicht *alle* Krankheiten heilen. Diese Frage läßt sich nicht leicht beantworten. Der Schlüssel dazu dürfte in der Seele jedes einzelnen Menschen liegen. Mancher Mensch wird durch die Begegnung mit einem Engel geheilt und erlebt so geradezu eine Wiedergeburt. Manch anderer Mensch erlebt seine Verwandlung vielleicht gerade durch die Schwere eines Schicksals, das ihn in einzigartiger Weise reifen läßt.
Dem Menschen bleibt in diesem Fall nur das wissende Vertrauen um die unendliche Weisheit einer höheren Welt und der Engel der Heilung. Ganz sicher geht Heilung oder Nichtheilung nicht von irgendeiner willkürlichen Auswahl aus. In allem, was geschieht, liegt eine göttliche Weisheit begründet, die sich dem Menschen, in seinem noch begrenzten Bewußtsein, allerdings nur schrittweise enthüllt. Vielleicht geben Ihnen Ihre Engel in einer stillen Stunde die Antwort auf diese so grundlegende Frage!

KAPITEL 7

Die Engel der Natur

Die Engel und die Pflanzen

Die Engel des Findhorn-Gartens

Eines der berühmtesten Beispiele für das Wirken der Engel in der Natur stellt der im Norden Schottlands gelegene Findhorn-Garten vor. Dort bebaute eine kleine Gemeinschaft mit der Hilfe der Engel ein unwirtliches Gelände, um geradezu unglaubliche Ernten zu erzielen und einen blühenden Blumenpark zu errichten. Über viele Jahre hinweg standen die Mitglieder von Findhorn im Kontakt mit den Engeln des Gartens und den Pflanzen-Devas, die ihnen allmählich ein tiefes Wissen über ihre Welt und ihr Wirken vermittelten. So wurde Findhorn zu einem der ersten Orte, an dem ein Zusammenwirken von Menschenreich und Engelwelt sichtbare Zeichen setzte.

Die Engel und die Schöpfungskräfte

In einer der Botschaften, die in Findhorn empfangen wurden, sprechen die Engel über die Vielfalt der Formen in der Natur. „Aus dem Samenfunken geht eine Energieform hervor und wird stumm und still von Engelscharen weitergeleitet, weil die Idee noch ganz ungeformt und begrenzt ist, weshalb sie sorgfältigster Pflege bedarf. Sie tritt dann hervor, wächst an Größe und Umfang, wird heller, bis sie schließlich, immer noch in der Obhut der großen Engel, duftet und klingt. Ihr Kraftfeld ist beständig und leuchtend. Dann wird das Muster zu den Formgestaltern gebracht, den Naturgeistern, die sich selbst anbieten, die Idee auszugestalten. Bedenke, daß sich eine Entwicklung vollzieht.

Das Urbild ist überall im Äther erkennbar, es wird von Engeln gehalten und von der Energie der Elemente, unter Mithilfe der Naturgeister, im geeigneten Augenblick manifestiert. Es erscheint dann zu gegebener Zeit und am rechten Ort bei euch, in der Schönheit der Blüte und Fülle der Frucht."

In etwas einfacheren Worten ausgedrückt, beinhalten diese Ausführungen nur das, was die alten Weisen und die Dichter schon immer wußten. Alles in der Schöpfung ist beseelt!

In allem Leben findet sich Intelligenz; und über und hinter allem schöpferischen Entfalten wachen leuchtende Wesen, von den kleinsten Formen im Pflanzenreich bis zu den Sternenreichen.

Wahrscheinlich wußten die Dichter, worüber sie schrieben, als sie von den unsichtbaren kleinen und großen Wesen in den Naturreichen schrieben.

In vielen Sagen und Märchen steckt wahrscheinlich mehr Wahrheit, als sich die Schulwissenschaft träumen läßt!

Die Engel des Gemüsegartens

Die englische Ärztin Gwennie Armstrong Fraser, die mit beiden Beinen auf dem Boden der Wirklichkeit steht, konnte schon von Kindheit den Kontakt zu den Engelwesen knüpfen, die über das Naturreich wachen und häufig mit dem Wort „Deva" bezeichnet werden. Eines Tages erklärte ihr eines dieser lichten Wesen, das sich um ihren Gemüsegarten kümmerte, welche Stellung sie im großen göttlichen Plan innehatten. „Jeder von uns erfüllt seine individuelle Aufgabe, und wir unterscheiden uns durch unsere jeweils eigene, einzigartige Bestimmung. Wir wirken auf dieser individuellen Ebene, um die Materie des Lebens zu gestalten, zu formen, zu erbauen und um Lebenskraft ins Dasein zu bringen. Doch diese Kraft entstammt der kollektiven Energie, die allem Leben zur Verfügung steht. Auch du bist Teil von ihr. Wenn wir also sagen, wir „sammeln" Lebenskraft, ist es ein Zusammenbringen der verfügbaren Energie, um unser Werk hier zu konzentrieren. Die Kraft, von der wir sprechen, ist eine große Quelle von Licht und lebensspendender Energie aus dem universalen Zentrum. Sie ist ein Aspekt des göttlichen Einsseins – die reine

Liebe und Macht des göttlichen Lichtes. Es lebt in allen Dingen, und alle Materie ist mit diesem Licht gesegnet; somit sind wir mit unseren eigenen individuellen Aufgaben und Formgebungen befaßt. Es ist die Lichtquelle, der wir alle angehören, die das Leben zum Leuchten bringt und ihm seine schöpferischen Formen verleiht. Gemeinsam erheben wir alles und streben dem Licht entgegen – alles Leben ist auf seiner eigenen Ebene vollkommen ... Wir sind mit dieser Welt vertraut, doch es kommt auf das Gleichgewicht der Lebenskraft an. Die Kraft ist das Licht des Großen Einsseins, Gottes schöpferische Macht und unsere lebendige Gabe. Wir geben allem Leben unseren Segen, und wenn du zu uns kommst, stimmen wir uns harmonisch auf dich ein."

Die Engel brauchen, so klingt es immer wieder, die bewußte Zusammenarbeit mit den Menschen. Wenn die Menschen endlich begreifen würden, daß die Engel sie allzeit umgeben und nur darauf warten, sich ihnen zu offenbaren, könnte ein neues Kapitel in der Schöpfungsgeschichte aufgeschlagen werden. Dann würde auch der Mensch endlich die Augen öffnen und „sehen, daß alles gut ist"!

Die Natur und die Menschen

Der Stadtpark

Gwennie Fraser besuchte an einem Sommertag den wunderschönen Garten von Edinburgh, dessen beeindruckendster Teil, der John-Muir-Hain aus Mammutbäumen, in einem besonders ruhigen Teil des Parks einen majestätischen Kreis bildet. Sie war besonders berührt von dem Anblick, der sich ihr bot. Unter jedem der Baumriesen fand sich ruhig eine Person sitzend oder liegend. Mancher meditierte, mancher lag nur einfach da und blickte zum blauen Firmament empor, und ein anderer wiederum notierte seine Gedanken oder verfaßte einen Text.
Gwennie tauchte ebenfalls ein in diese meditative Atmosphäre und trat so in den Kontakt mit jenen Engelwesen, die über diese Insel der Stille wachten.
„Wir grüßen dich. Was wir hier erschaffen, ist eine Oase und ein Heiligtum inmitten der Großstadt, wo viel Harmonie erzeugt und jenen geschenkt wird, die hierherkommen. Hast du die Freude und Fröhlichkeit bemerkt, mit der die Menschen hier auf diesen Wegen spazieren und tanzen? Alles klingt vor Freude! Was hier erschaffen wurde, ist ein Mittelpunkt, um den herum die Natur ihre Botschaft sprechen kann als Partner

mit den Menschen in einer großstädtischen Umgebung. Es ist ein Ort, von dem Menschen angezogen werden. Es mag nur der Wunsch sein, an einem sonnigen Tag im Gras zu liegen, aber das ist gut! Auch das ist ein Eingang in unsere Welten. Andere kommen mit großem, gebildetem Wissen über Pflanzen und empfangen die Inspiration, auch in ihren eigenen Gärten zu arbeiten.

Ein wohltuender Segen und große Harmonie erreichen so die Menschen auf vielen Ebenen. Deshalb sind wir hier in der Großstadt froh, Teil dieses schönen Heiligtums zu sein. Beim Eintreten hast du die Stille selbst bemerkt. Wir erzeugen hier unsere Wirkung und machen unsere Aufmerksamkeit spürbar – wie für Bienen, die vom Duft einer Blüte angelockt werden. Warum sollte es nicht möglich sein, einen Himmel auf Erden zu erschaffen und ein Heiligtum in einer Stadt wie dieser?"

Auch wenn es zum wirklichen Himmel auf Erden noch ein gutes Stück Weges ist, so gelingt es den Engeln doch offensichtlich, vor allem in der Natur, den Menschen zumindest einen Vorgeschmack davon zu vermitteln, was himmlischer Friede und himmlische Schönheit bedeuten können. Auch dafür sollten die Menschen ihnen dankbar sein, wann immer es ihnen auffällt, daß ein besonders schöner Teil dieses blauen

Planeten wahrscheinlich die Handschrift der „Engel der Natur“ trägt!

Die Engel der Bäume

Bäume sind ganz besondere Wesen. Wer einmal die riesigen Sequoia-Redwoods in den Nationalparks von Kalifornien besucht hat, wird verstehen, warum feinfühlige Menschen diese Wälder und ihre Baumriesen als „Kathedralen der Bäume“ bezeichnet haben. Über sie scheinen bestimmte Engelscharen zu wachen, die häufig auch als „Baum-Devas“ bezeichnet werden, indem man auf einen Ausdruck der östlichen Weisheitslehren zurückgreift.

Dorothy MacLean, eine der Mitbegründerinnen des Findhorn-Gartens, erfuhr in einer Begegnung mit einem dieser Wesen mehr über seine innere Wirklichkeit und die Aufgabe der Bäume.

„Wir danken der Menschheit, daß sie uns so ausgiebig anpflanzt und uns die Möglichkeit gibt, viel Raum zurückzuerhalten. Ihr seht, die Bäume sind für die Erde wie eine Schutzhaut, in der sie notwendige Veränderungen bewirken. Wir Devas sind die äußeren Schildwachen dieses Wandels und dazu imstande, unsere Arbeit dort zu tun, wo es andere nicht könnten. Wir setzen unsere Ehre dafür ein; und unser Lobpreis steigt wie der Duft einer Blume empor. Er segnet alle, die kommen, um in unserer Aura, in unseren Wäldern auszuruhen, obwohl ganz von sich selbst erfüllte Menschen sich unseres Einflusses nicht bewußt sind. Die Bäume, die verwurzelten Wächter der Oberfläche, verwandeln die höheren Kräfte, um sie der Erde durch den Boden zuzuführen. Sie haben ein besonderes Geschenk für den Menschen dieses Zeitalters der Geschwindigkeit, des Verkehrs und der Geschäftigkeit. Wir sind Ruhe, Stärke, Ausdauer, Lobpreis und sorgsame Einstimmung, was alles in der Welt dringend benötigt wird. Wir sind mehr als das. Wir sind Ausdruck der Liebe des Schöpfers für sein überfließendes, einzigartiges und immer mit ihm verbundenes Leben."

Die Indianer in ihrer Naturverbundenheit wußte um diese innige Beziehung zwischen Menschen und Baum und um die große Bedeutung der Wälder. Diese Einsicht führte sie dazu, die Warnung auszusprechen: „Erst stirbt der Baum, dann stirbt der Mensch." Doch vielleicht lernt es der Mensch zuvor, auf die Engel zu hören und die Heiligkeit der Natur wiederzuentdecken.

Kraftplätze

Zahlreiche Autoren haben in ihren Werken immer wieder darauf hingewiesen, daß es in der Natur bestimmte Plätze gibt, in denen die Engel

ein besonderes Heiligtum errichtet haben. Für Menschen, denen die Gabe zuteil geworden ist, ein wenig hinter den Vorhang der Schöpfung zu schauen, zeigen sich hier die leuchtenden Wesen einer höheren Welt in besonderem Maße.
Diese oft auch als „Orte der Kraft“ bezeichneten Plätze liegen häufig in den Bergen. Die Gegend um das Matterhorn und Teile des Berner Oberlandes gelten als solche besonderen Naturheiligtümer. In Neuseeland ist es die Gegend um den Mount Cook und in Kalifornien die Umgebung des Mount Shasta und des Mount Rainier. Häufig scheinen die Menschen, auch ohne das Wissen um die Engel, ein untrügliches Gespür für die Besonderheit bestimmter Plätze zu haben und schützen sie, indem sie sie zu Naturparks erklären. So bewahren sie, meist ohne tiefere Kenntnis davon, den Engeln bestimmte Kraftplätze, an denen sie ihre segensreichen Strahlen in besonderer Intensität auf ihre irdischen Schützlinge auszustrahlen vermögen.
Manchmal schmunzeln die Engel dann, wenn sie die Menschen an diesen Orten von „paradiesischer Schönheit“ oder „himmlischer Ruhe“ sprechen hören, ohne daß diesen bewußt ist, wie recht sie damit haben!

KAPITEL 8

Die Engel und die Tiere

Tiere als göttliche Geschöpfe

Franz von Assisi

Franziskus, die bekannteste Gestalt des abendländischen Christentums, empfand zeit seines Lebens eine tiefe Liebe zu den Tieren. Berühmt geworden ist seine Predigt für die Vögel des Waldes.
Eines Tages befand sich Franziskus in den Wäldern seiner Heimat, als er beglückt die Schönheit der Natur bewunderte. Da niemand außer ihm anwesend war, fing er an, zu den Vögeln über die Herrlichkeit der Schöpfung zu sprechen. Während er so zu ihnen zu predigen begann, setzte sich allmählich eine große Vogelschar zu ihm und lauschte, bis er seine Dankrede an den Schöpfer aller Dinge beendet hatte. Er war zutiefst überzeugt, daß seine gefiederten Freunde ihn verstanden hatten.

Haben Tiere Seelen?

Diese Frage wurde häufig gestellt und ist noch immer umstritten. Hier ist nicht der Platz, eine große Diskussion über theologische oder rechtliche Gesichtspunkte dieser Frage zu führen. In diesem Buch und an diesem Ort sollen ganz einfach Menschen zur Sprache kommen, die ihre

Erlebnisse schildern. Dann mag sich jeder Leser ein eigenes Urteil bilden.
Die amerikanische Mystikerin Flower A. Newhouse widmete sich in ihren Büchern ganz ausführlich den Engeln der Tiere. Sie ging davon aus, daß auch die Engel von Tieren behütet werden, die ihre Instinkte lenken und so dafür sorgen, daß sie ihr Auskommen haben.
Die Fürsorge der Tiere erstreckt sich nach ihren Darlegungen auch auf kleinste Lebewesen, über deren Fortentwicklung sie wachen. Auch der Tod gehört zum natürlichen Geschehen im Reich der Tiere und fügt sich harmonisch in den für sie entworfenen Entwicklungsplan ein.
Flower Newhouse wies allerdings verstärkt darauf hin, welche Verantwortung dem Menschen in der Beziehung zum Tierreich zukommt: „Die Sympathie und Liebe, die der Mensch den Tieren entgegenbringt, tragen wesentlich dazu bei, daß sie die Schwelle zur nächsten Entwicklungsstufe überschreiten."

Tiere als Boten

Viele Berichte von Engeln enthalten Erlebnisse, in denen Tiere eine große Rolle spielen. Sie scheinen eine zweifache Aufgabe auszuüben. Zum einen übernehmen sie in manchen gefährlichen Situationen der Menschen die Rolle eines plötz-

lichen Warners. Ein Tier springt unerwartet über die Straße, der Fahrer bremst und reduziert dadurch das Tempo – und hinter der Kurve hat sich ein Unfall ereignet. Bei voller Geschwindigkeit wäre kein rechtzeitiges Abbremsen mehr möglich gewesen.
Zum anderen vermögen Tiere auch, als Lebensbegleiter des Menschen, in ihren Herrchen und Frauchen bestimmte Herzensqualitäten zu erwecken, die jene ohne ihre vierbeinigen Freunde vielleicht nicht entfaltet hätten. Zudem schenken sie vielen einsamen Menschen Trost und Freude. Nicht wenige Erforscher des Engelreiches gehen daher davon aus, daß Engel in etlichen Fällen Tiere als himmlische Botschafter zu den Menschen senden.

Ein vierbeiniger Engel

Eine besonders nette Tier-Engel-Geschichte handelt von einem Collie, der seinem Frauchen über viele schwere Jahre hinweg ein treuer Begleiter gewesen war. Er half ihr, eine lebensbedrohliche Erkrankung zu überwinden und eine traumatische Trennung zu überwinden. In allen trüben Tagen war er ihr stets gutgelaunter Begleiter auf allen Wegen, der sie erheiterte und ermunterte. Es konnte gar nicht so schlecht kommen, daß es dem Collie nicht gelungen wäre, sein entmutigtes

Frauchen aufzuheitern und zum Lachen zu bringen.
So gingen die beiden vereint durch alle schweren Zeiten, bis es „Frauchen wieder besser ging". Schließlich gelang es dem Collie, sich von der Liebe seiner Besitzerin zu lösen, die sich nicht von ihm trennen konnte. Er durfte endlich „sterben".
Lange Zeit hoffte die untröstliche Collie-Besitzerin, eine Botschaft von ihrem vierbeinigen Liebling aus dem „Hunde-Himmel" zu erhalten. Doch nichts geschah.
Erst nach einigen Jahren trat sie in der Meditation plötzlich auf eine himmlische Blumenwiese, als ihr geliebter Collie auf sie zusprang. Beglückt öffnete sie die Arme, damit er sie anspringen konnte – und wurde von einem leuchtenden Engel umfangen. In diesem Augenblick erkannte sie, daß ihr vierbeiniger Gefährte in Wahrheit ihr Schutzengel gewesen war, der sich all die Jahre in der Verkleidung eines Collies um sie gekümmert hatte!

Von Engeln behütet

Die Katzennasen

Eine Katzenzüchterin hatte nach vielen Jahren erfolgreicher Zucht plötzlich mit einer unerwartet aufgetretenen Virusinfektion zu kämpfen, die viele kleine Kätzchen schon im ganz jungen Alter tötete. Sie hatte alles versucht, stand aber ratlos vor dieser Katzenseuche.

Als sie eines Tages wieder mit einem neuen Wurf befaßt war, vernahm sie klar und deutlich in ihrem Kopf eine Stimme, die zu ihr sagte: „Behandele die Nasen!"

In diesem Augenblick erinnerte sie sich, in einem bestimmten Katzenbuch etwas über „salinische Nasentropfen" gelesen zu haben. Und in der Tat, schon nach kurzer Suche fand sie das entsprechende Kapitel in einem Katzen-Ratgeber.

Sie wandte vertrauensvoll diese Methode an und wandte sich, bedingt durch die unerwartete Botschaft, erstmals seit langer Zeit in ihrem Leben wieder im Gebet an eine höhere Macht um Hilfe für ihre Katzen.

Der Ratschlag des Engels erwies sich als richtig!

Alle ihre Katzen blieben am Leben, und von diesem Tag an hatte sie mit der Seuche keine Probleme mehr. Zudem war sie von nun an überzeugt, daß auch Tiere Schutzengel haben müssen!

Der doppelte Cockerspaniel

Eine Hundefreundin hatte besonders Cockerspaniel in ihr Herz geschlossen. Sie studierte Bücher und Artikel über diese Hunderasse und wußte so nahezu alles über diese Tiere, obwohl sie selbst noch keinen besaß. In ihren Gedanken stellte sie sich aber immer wieder vor, sie würde eines Tages schon einen Cockerspaniel finden, der zu ihr gehörte.

So geschah es dann auch! Anläßlich einer Geschäftsreise bekam sie als unerwartete Überraschung von Freunden einen Cockerspaniel geschenkt. Dieser liebenswerte Hund wurde über viele Jahre zu ihrem treuen Freund und Begleiter. Im hohen Alter erkrankte er dann jedoch und starb auf dem Untersuchungstisch des Tierarztes.

Bis zu diesem Moment ist dies noch eine ganz normale Tiergeschichte, wie sie überall auf der Welt jeden Tag in dieser oder ähnlicher Weise geschieht. Die traurige Frau fuhr also mit betrübtem Herzen nach Hause und konnte sich noch nicht so recht vorstellen, wie ihr Leben ohne ihren geliebten vierbeinigen Freund weitergehen sollte. Sie fuhr in die Einfahrt ihres Hauses – und

vor der Haustür stand ein Cockerspaniel. Er glich ihrem gerade verstorbenen Tier wie ein Zwilling, so daß man hätte annehmen können, sie seien dem gleichen Wurf entsprungen. Der Hund trug kein Halsband, so daß seine Herkunft nicht geklärt werden konnte.
Für die glückliche Hundefreundin war es ein Geschenk der Engel der Tiere, bei denen sie sich dann auch mit zutiefst gerührtem Herzen bedankte!

Der Katzenengel

Eine amerikanische Familie befand sich eines Sonntags auf Familienausflug. Wie es bei vielen Amerikanern so üblich ist, mußte zum Ausflug in das ohnehin schon bis zum Dach vollgestopfte Auto auch noch die Hauskatze hinein. Schließlich sollte ja die „komplette" Familie den Ausflug genießen.
Auf der Heimreise war es dem Tier wohl zu eng in dem warmen Auto geworden, und es nutzte die Gelegenheit einer kurzen Rastpause, um unbemerkt aus dem Auto zu springen. Nun war natürlich die Aufregung groß.
Alle Familienmitglieder schwärmten aus, um die entflohene Katze zu suchen. Vergeblich! Auch nach einer einstündigen Suchaktion blieb das geliebte Katzentier unauffindbar. Die Zeit dräng-

te, denn es begann bereits die Dunkelheit hereinzubrechen. Als letzten Rettungsversuch schlug die Mutter der Familie vor, einen Engel um Hilfe zu bitten. Gesagt, getan! Man vereinte sich also im Gebet und rief einen Engel um Hilfe, der helfen sollte, die verschwundene Katze zu finden. Nach diesem Hilferuf fühlte die Frau sich veranlaßt, die Straße ein wenig zurückzugehen, wo auf einer kleinen Lichtung ein paar vereinzelte Bäume standen. Diese Spur erwies sich als die richtige. In einem der Bäume saß die Katze und betrachtete in der untergehenden Sonne die schöne Landschaft. Mit ein paar Leckereien war sie schnell vom Baum gelockt und wieder ins Auto verfrachtet worden.

Natürlich vergaß die Familie nicht, auf der Heimfahrt dem Engel für die großartige Unterstützung zu danken; denn alle Familienmitglieder waren überzeugt – ohne den Engel hätten sie die Katze im Wald zurücklassen müssen!

Wenn Tiere sterben

Für viele Menschen kommt der Verlust eines geliebten Tieres dem Schmerz nahe, den sie beim Verlust eines geliebten Menschen verspüren. Tiere können sich durch ihre kuschelige, anschmiegsame Art sowie durch ihre Treue und Anhänglichkeit leicht einen besonderen Platz im

Herzen ihrer Herrchen und Frauchen sichern. Wenn sie dann nach acht, zehn oder gar fünfzehn Jahren die Erde wieder verlassen müssen, reißt dies in viele Familien schmerzhafte Lücken. Menschen, die sich viel mit der Welt der Engel befaßt haben, empfehlen in diesem Fall, den verstorbenen Liebling einem Engel anzuvertrauen. Wenn Engel für die Tierfreunde nicht zu den „ausgestorbenen Arten" zählen, erleichtert diese Vorgehensweise den Abschied von den vierbeinigen Freunden erheblich; und in nicht wenigen Fällen schilderten die früheren Besitzer, ihr verstorbener Liebling wäre ihnen im Traum erschienen. Auch soll den Engeln die Offenheit mitgeteilt werden, wenn die früheren Besitzer bereit sind, wieder ein Tier in ihre Obhut zu nehmen.

Die Engel scheinen sich dann, so lassen zumindest viele „merkwürdige" Geschichten schließen, aufmerksam darum zu kümmern, daß in eine solche tierliebe Familie wieder ein kleines Wesen kommt, das durch diese Liebe in seinem Tierleben wachsen kann.

So formt sich vielleicht eine „goldene Kette". Die eine Hand reicht der Mensch empor zu den Engeln, die ihn führen; die andere Hand reicht er hinab zu den Tieren, die zu ihm emporblicken. So vermag der Mensch zu erahnen, daß das Leben vielleicht eine größere Einheit bildet, als er je geglaubt hatte!

KAPITEL 9

Bewegende Erlebnisberichte

Engel gibt es wirklich!

Die Zahl der Berichte über die Begegnungen mit Engeln, die jene zutiefst bewegten, denen sie widerfuhren, und die auch noch jene berühren, die davon erfahren, geht in die Hunderttausende. Da viele Menschen sich scheuen, darüber zu sprechen, ist die wirkliche Zahl wahrscheinlich noch um ein Vielfaches höher. Es kann, wenn man nicht wirklich jeden gesunden Menschenverstand ableugnen möchte, heute keinen Zweifel mehr daran geben, daß Wesen einer anderen Wirklichkeit, die über Jahrtausende als „Engel" bezeichnet wurden, in die Menschenwelt helfend eingreifen. Ohne ihr wunderbares Wirken würde es auf dieser ohnehin schon von Gewalt und Grauen genügend erschütterten Erde noch weitaus schlimmer aussehen.
Um auch die „Ungläubigsten" zu überzeugen, sollen zum Schluß dieses Buches noch einige der bewegendsten Erlebnisberichte veröffentlicht werden.

Das geheilte Herz

Die Anthroposophin Joan Almon berichtete in einem Vortrag über Waldorf-Pädagogik über das bewegende Schicksal eines Mädchens, das ihr später als junge Waldorf-Lehrerin begegnete.

Bei der Geburt des Mädchens wurde ein Herzfehler festgestellt, der eine Operation dringend erforderlich machte. Da das Kind sehr schwach war, sollte es erst noch an Gewicht zunehmen, um für die schwere Operation genügend gekräftigt zu sein. Da die Krankheit lebensbedrohlich war, warnte der behandelnde Arzt die Mutter, daß das Kind niemals heftig weinen dürfe, denn dies sei absolut lebensgefährlich für die Kleine. Sie stehe dann in der Gefahr, sofort blau zu werden und zu sterben.
Die Mutter ließ alle Vorsichtsmaßnahmen walten, und anfangs verlief auch alles gut. Eines Tages bekam die Kleine jedoch trotz aller Umsicht einen Weinanfall, der nicht enden wollte. Kein Beschwichtigungsversuch half, das Kind bekam Atemnot und lief blau an. In ihrer Verzweiflung begann die hilflose Mutter schon die Nachbarn zu alamieren, um sie mit dem Kind ins nächste Krankenhaus zu fahren.
In diesem Augenblick, so erzählte sie später, erschien ihr ein mächtiges Lichtwesen, das grenzenlose Liebe ausstrahlte. Es berührte das Kind, das sofort zu weinen aufhörte, und verschwand so sanft und lautlos, wie es gekommen war.
Kurze Zeit darauf begab sich die Mutter zum Arzt des Kindes, um den bevorstehenden Operationstermin zu bestimmen. Als der Arzt das Kind ausführlich untersucht hatte, glaubte er seinem eige-

nen ersten Untersuchungsbericht nicht mehr, der doch völlig eindeutig und unzweifelhaft gewesen war. Das Herz der Kleinen war wieder völlig in Ordnung. Es mußte nicht operiert werden!

Der Junge mit der Rose

Vern Faulstich erlebte eine höchst eigenartige Engel-Begegnung, die noch dazu viel Mut erforderte, was die Umsetzung der Engel-Botschaft betraf. Er erhielt mehrmals hintereinander die Botschaft: „Achte auf den Jungen mit der Rose!“ Die Botschaft verwunderte ihn zutiefst, machte sie doch in dieser Form keinen Sinn für ihn.
Einige Tage später betrat er sein Lieblingscafé und setzte sich, aus einem unbegreiflichen Impuls heraus, neben einen jungen Mann, den man unter die Kategorie „rüpelhafter Halbstarker“ einordnen kann. Schon als Vern sich setzte, reagierte dieser äußerst ungehalten über den unerwünschten Tischnachbarn. Er griff mit der linken Hand nach seinem Glas, um es an sich heranzuziehen. In diesem Augenblick erkannte Vern an seinem Unterarm eine eintätowierte Rose. Da wußte er, wen er vor sich hatte.
Mit einer gewissen Überwindung begann er vorsichtig ein Gespräch, wurde aber auf rüdeste Weise von seinem Gegenüber angefahren. Trotzdem gab er nicht auf, und nach vielen

Anläufen kam doch ein erster Dialog zustande. Vern erfuhr, daß der Junge aus völlig zerrütteten Verhältnissen kam, in ständigem Kleinkrieg mit seinen Eltern lebte, sein Leben als völlig sinnlos empfand und im Begriff stand, Selbstmord zu begehen.
Von Viertelstunde zu Viertelstunde gelang es Vern, der ein sehr spiritueller Mensch war, das Vertrauen des jungen Mannes zu gewinnen und mit ihm über religiöse Fragen und den Sinn des Lebens allgemein zu sprechen. Sie endeten schließlich mit der Stellungnahme, daß auch das schwere Schicksal des Jugendlichen einen Sinn haben mußte.
Dieser stand schließlich auf, schüttelte den Kopf und sagte zu Vern, er müsse wohl verrückt sein. Aber er sei schon so verrückt, daß an seinen Theorien vielleicht doch ein wenig Wahrheit sein könnte. Zumindest sei er ein „mitfühlender Kerl“! Das war für den jungen Mann wahrscheinlich das höchste Kompliment! Vern bot ihm dann noch seine Hilfe an, wenn er diese benötigen sollte; doch Vern sollte ihn niemals wiedersehen.
Etwa fünfzehn Jahre später starb Vern. Auf seiner Beerdigung traf seine Witwe auf einen Mann, der etwa in den Dreißigern war, ihr aber nicht bekannt vorkam. Er gab ihr die Hand und erzählte ihr, daß er ein glücklicher Mann mit Familie und zwei Kindern sei. Als er vom Tod Verns

gehört hatte, wußte er, daß er kommen müsse, um sich für seine Hilfe zu bedanken. Als Verns Witwe ihn nach den Gründen fragte, antwortete er nur: „Ich bin der Junge mit der Rose!“

Der Engel auf der anderen Seite

Julia Zimmer war Stewardeß, als ihr Flugzeug im Februar 1959 abstürzte. Vierundsechzig Menschen verloren bei dem Absturz ihr Leben. Neben ihr gab es nur noch sieben weitere Überlebende. Als man sie aus dem Fluß zog, in den das Flugzeug gestürzt war, hielt man sie für tot, und ein Priester gab ihr die Letzte Ölung und zog dann das Leichentuch über ihr Gesicht. Verzweifelt versuchte Julia sich bemerkbar zu machen, um ihrer Umwelt mitzuteilen, daß sie nicht gestorben war.

Dann plötzlich löste sie sich von ihrem Körper und schwebte über ihm. Ein Gefühl der Leichtigkeit und des Friedens begann sie zu erfüllen. Kaum in diesem Zustand ein wenig heimisch, zog ein starker Sog sie unerwartet in einen langen schwarzen Tunnel, an dessen Ende ein Lichtpunkt aufschimmerte. Sie landete in einer Sphäre, die sie als „Warteraum“ charakterisierte, in der kleine Lichtpunkte tätig zu sein schienen. In diesem Raum erlebte sie etwas, das in der Nah-Tod-Forschung inzwischen als „Lebensfilm“

bezeichnet wird. Sie erschaute rückblickend ihr Leben. Als dieser Vorgang abgeschlossen war, trat plötzlich ein „mächtiges Lichtwesen" auf. Es beendete das Geschehen, geleitete Julia zurück zum Tunnel und teilte ihr, mittels Gedankenübertragung, wie sie beschreibt, unmißverständlich mit, ihr Erdenleben sei noch nicht beendet. Trotzdem wollte Julia lieber in dieser Welt bleiben, zumal doch, so ihr Gegenargument, ihr Körper tot sei. Dem entgegnete das Lichtwesen jedoch, sie würde vollständig gesunden.

Dann ging die Reise rückwärts durch den Tunnel, zurück an die Zimmerdecke. Über eine „Silberschnur", die sie als Verbindung zu ihrem Körper empfand, glitt sie dann sanft wieder in ihre physische Hülle. Sie erinnerte sich, daß sie über die Sorge der Ärzte, was ihre Genesung anbelangt, schmunzeln mußte – wußte sie es doch besser. Und in der Tat wurde ihre Gesundheit wieder völlig hergestellt.

Allmählich führte dieses Engel-Erlebnis zu einer vertieften spirituellen Lebensführung bei Julia, und als ihr Vater einige Jahre später starb, konnte sie ihm „über die Schwelle helfen", bis sein Engel ihn abholte.

Der Landschaftsengel

Dorothy MacLean war eine der Mitbegründerin des legendären Findhorn-Gartens. Vor allem ihr war die Gabe verliehen, den Kontakt zu den Engeln zu knüpfen, die jenen einzigartigen Garten im Norden Schottlands durch ihre Gegenwart segneten. In ihrem Buch „Du kannst mit Engeln sprechen“ veröffentlichte sie die für sie bewegendsten Botschaften der Engel, darunter eine von jenem Wesen, dem sie den Namen „Der Landschaftsengel“ gab.

„Ich wollte euch erzählen, daß sich jetzt, wie niemals zuvor, große kosmische Engel erheben, um die Erde mit Sanftheit und Schönheit zu berühren. Sie haben das schon früher getan, aber jetzt hat sich die Erde, ihr Menschen, gerührt und sich ihnen geöffnet. Ihre Berührung ist wundervoll. Es scheint, daß sie mit der Sonnenwärme kommen, es scheint, daß sie mit dem Windhauch kommen, es scheint, sie dehnen sich über den Himmel selbst aus – aber es kann nicht kommen, wenn ihr Zweifel, Ängste, Belastungen oder andere Begrenzungen habt. Wenn ihr Herr eures Lebens seid, dann seid ihr einer von uns. Wenn ihr wirklich ihr selbst seid, dann können wir uns mit der ganzen Erde verbinden, denn ihr seid diese Erde. Dies geschieht immer stärker, und stärker steigt in euch unsere sanfte schöpferische Kraft empor. Es ist keine weit entfernte, unanwendbare Kraft, sondern sie ist für euren täglichen Gebrauch, für eure Verbindung mit allem Leben bestimmt. Andernfalls hätte sie keine Bedeutung. Sie gilt für alle Zustände, für Wirbelstürme wie für einen sanften Frühlingstag; denn alles ist Teil des Ganzen und hat Zweck und Bedeutung. Ihr, die Erde, befindet euch in einem Universum, wo alle Brüder sind; und während alle in eurer bekannten Welt eure Brüder werden, öffnet sich eine unbekannte Welt in Brüderlichkeit. Dann singt die ganze Schöpfung ihr Lied der Freude, und ihr hört es zunächst auf der Erde und dann jenseits davon. Ihr hört das Lied jetzt, wo die Natur den neuen Tag begrüßt. Zweifle nicht an der sanften Engelsberührung. Stimme in das Rühmen ein, öffne dich ihm und sage Dank dafür. Es ist Gottes Hand, die sich nach euch aus diesem staunenswerten Universum ausstreckt - ein Bewußtsein. Ihr wart blind, jetzt seht ihr. Aus dem Raum, von überall her, kommt eine unglaubliche Schönheit zu euch. Öffnet euch und begegnet ihr, denn sie ist bestimmt zu sein. Lobt Gott."

Engel und Menschen

Gwennie Fraser war in den Botschaften, die sie von den leuchtenden Himmelsboten erhielt, besonders berührt von der Verbindung zwischen

Himmel und Erde, die ihr die Engel immer wieder als Verheißung, aber auch als Notwendigkeit beschrieben.

„Laß uns dich tiefer mitnehmen in die Dimensionen der Wirklichkeit, wie du sie kennst, und in das Mysterium der Schöpfung! Wir ziehen dich herein, zum Herzen des Felsens, zu den uralten Lebensformen, verdichtet und gedrängt in zeitlosem Wunder. Wir sind verbunden mit dem Anbeginn und mit der Zeitlosigkeit, und wir nehmen dich deshalb mit, über das hinaus, was du in einem Augenblick der sich wandelnden Welt vor dir siehst. Wir wachsen langsam, doch wir bewegen uns in Rädern und Energie von Lebensmaterie, die so alt sind wie diese Erde, und unser Voranschreiten ist nur eine Weiterführung von dem laufenden Werk des Lebens auf der Erde.

Es ist jetzt Zeit für die Menschheit, uns wieder nahe zu kommen und die Verantwortung als Hüter der Natur neu zu übernehmen, als getreue Verwalter des großen Planeten, zu dem wir gehören. Jetzt, an diesem Punkt der Zeit, sind Kommunion und Einheit besonders nötig. Es ist an der Zeit, zur Mitte zurückzukehren und sich gemeinsam mit uns auf das göttliche Ganze auszurichten. Das Leben ist ein Segen, ein Geschenk, eine Chance, deine höchste Natur und dein tiefstes Streben zu offenbaren. Wir rufen den Menschen auf, dies zu erkennen, um das Gleichgewicht wiederherzustellen. Wir sagen Dank für diese Kommunikation und bringen unsere Botschaft aus den Tiefen des Seins, um dich in diesem kostbaren Augenblick der miteinander geteilten Zeit zu erreichen. Jeder Augenblick ist kostbar! Lebe ganz und erlebe unsere universelle Verbundenheit! In ihr sind die Fülle der Geschichte und das Potential zu unendlicher Schönheit und Weisheit geborgen. Wir wünschen dir Gutes."

Die Engel, in welchem Bereich der Schöpfung sie auch wirken und welche Aufgaben sie auch auszuführen haben, sind auf der Suche nach jenen Menschen, die sich ihnen und ihrer Inspiration öffnen, um so ein neues Kapitel der menschlichen Evolution aufzuschlagen. Die beiden Reiche sollen sich stärker berühren und ganz allmählich durchdringen, um so ein neues Leben auf der Erde zu begründen.
Mag der Tag auch noch weit sein, an dem diese Entwicklung wahrhaft auf Erden verwirklicht sein wird; die erste Seite dieses neuen Schöpfungskapitels wird in unseren Tagen geschrieben.

Die Frau in Weiß

Die nachfolgende Geschichte, die einen der dramatischsten Eingriffe der Engelwelt überhaupt schildert, wurde von Hope MacDonald in ihrem Buch „Engel in Aktion" überliefert. Sie schildert noch einmal in bewegender Form, daß dem Wirken der Engel keine Grenzen gesetzt sind und ihr Wirken auch das Wort „Wunder" in vielen Fällen verdienen würde.

Eine junge Mutter war eines Vormittags mit Hausarbeiten in der Küche beschäftigt. Da es einer der ersten schönen Frühlingstage war, hatte sie ihre kleine Tochter allein in den Garten gehen lassen, um sich an der Schönheit der im Aufblühen begriffenen Natur zu erfreuen. Der Garten war abgeschlossen, so daß keine Gefahr für die Kleine bestand. Als sie jedoch, aus routinemäßiger Kontrolle, aus dem Fenster sah, bemerkte sie, daß jemand die Gartenpforte geöffnet und nicht wieder verschlossen hatte. Das kleine Mädchen hatte die Gelegenheit genutzt, um zu einer Erkundung der näheren Umgebung aufzubrechen. So war sie die kleine Gartenböschung hinuntergekrabbelt und saß jetzt auf den Eisenbahnschienen, die unmittelbar am Haus entlang verliefen.

Dieser Anblick war schon Schrecken genug, doch Sekundenbruchteile später blieb der Mutter

nahezu das Herz stehen, als sie sah, wie ein Zug um die Kurve vor dem Haus bog, dessen Lokführer die Kleine wohl gerade erspäht haben mußte, denn übergangslos begann die Lokomotive abzubremsen und laute Warnsignale von sich zu geben.
Die Mutter ließ alles liegen und stehen und raste laut schreiend und den Namen ihrer Tochter rufend aus dem Haus, doch es konnte eigentlich keinen Zweifel geben, daß sie zu spät kommen mußte. Als sie die gegenüberliegende Seite der Schienen erreichte hatte, erblickte sie eine leuchtende Gestalt, ganz in Weiß gekleidet, die Lisa von den Schienen hob, während der Zug an der Stelle vorbeidonnerte, an der die Kleine gerade noch unschuldig gespielt hatte. Während der Zug über die Gleise ratterte, hielt das herrliche Wesen behütend einen Arm um die Kleine. Zusammen schienen sie den Zug zu betrachten, der sich langsam entfernte.
Als die erschütterte Mutter jedoch an der Seite ihrer Tochter ankam – stand sie wieder alleine neben dem Eisenbahngleis!

Der Anblick gibt den Engeln Stärke,
Da keiner Dich ergründen mag,
Und alle Deine hohen Werke
Sind herrlich wie am ersten Tag

Johann Wolfgang von Goethe

Empfehlenswerte Engel-Bücher

H. K. Challoner – Regenten der Sieben Sphären
Gwennie Armstrong Fraser – Im Licht der Engel
Hope MacDonald – Engel in Aktion
Dorothy Maclean – Du kannst mit Engeln sprechen
Gitta Mallasz – Die Antwort der Engel
Flower A. Newhouse – Engel und Devas
dies. – Lichtwesen
dies. – Die Engel der Natur
dies. – Im Reich der Erzengel
Robert C. Smith – Schutzengel und Heilengel
Terry Lynn Taylor – Die Engel waren zur Stelle
White Eagle – Naturgeister und Engel
ders. – Das White Eagle Engel-Buch
Uwe Wolf – Das große Buch der Engel